Życie
ze złością

Ron Potter-Efron

Życie ze złością

Odzyskaj spokój i kontrolę nad swoim życiem

Przekład: Łucja Ochmańska

GWP

Sopot 2021

Tytuł oryginału: *Angry all the time. An emergency guide to anger control*

Wydanie czwarte w języku polskim
Wydanie poprzednie ukazało się pod tytułem *Życie bez złości*

Przekład: Łucja Ochmańska
Redakcja: Patrycja Pacyniak, Agnieszka Łysik
Korekta: zespół
Skład: Mirosław Tojza
Projekt okładki: Monika Pollak
Zdjęcie na okładce: © Getty Images

ISBN 978-83-7489-835-5

Druk i oprawa:
CGS drukarnia sp. z o.o.
ul. Towarowa 3
Mrowino k. Poznania
62–090 Rokietnica

Gdańskie Wydawnictwo Psychologiczne sp. z o.o.
ul. J. Bema 4/1a
81–753 Sopot
e-mail: gwp@gwp.pl
www.gwp.pl

Spis treści

Przedmowa

Czy jesteś czasem wściekły na siebie za to, że ciągle się złościsz? A może twoi bliscy twierdzą, że doprowadzasz ich do szału, a ty nie masz pojęcia dlaczego – przecież jesteś spokojny i miły, i tylko czasem zdarza ci się zapomnieć o jakimś drobiazgu albo spóźnić na rodzinny obiad… trzy godziny?

Czym jest złość, skąd się bierze, czemu służy? Złość ma wiele twarzy, bardzo różnie wpływa na nasze życie – zwykle niefortunnie, ale bywa też pożyteczna – to od nas zależy, jak ją wykorzystamy.

Kiedy się złościmy? Dlaczego się złościmy? Jak się złościmy? Jakie ślady złość pozostawia w naszym życiu, w życiu naszych bliskich, naszych dzieci?

Jeżeli zadajesz sobie podobne pytania i jeżeli zdarza się, że twoja złość wytrąca cię z równowagi, niepokoi, smuci – przeczytaj tę książkę. Dowiesz się z niej wielu ciekawych rzeczy. Lepiej zrozumiesz siebie, partnera, swoje dzieci, a zrozumienie to pierwszy, konieczny krok na drodze do zmiany. Ta książka to niezbędnik osób z problemem złości:

- jest napisana zrozumiałym językiem;
- kolejne zagadnienia są przejrzyście wymieniane w punktach, a potem szczegółowo omawiane i popierane wieloma przykładami;

- każdy znajdzie w niej coś dla siebie – opisuję tu różne rodzaje złości, począwszy od tej często nieświadomej, podstępnej (przejawiającej się drobiazgami – zapominaniem, spóźnianiem się), a skończywszy na ślepej, niszczycielskiej furii;
- zawiera rozdział dla partnerów osób mających problem ze złością, którzy często również potrzebują pomocy, rady, wsparcia;
- ukazuję w niej pierwotną (często pomijaną) funkcję złości w naszym życiu – złość sygnalizuje, że coś jest nie tak, a jej bezpośrednim następstwem bywa reakcja walki lub ucieczki. Wielokrotnie podkreślam konieczność wzięcia całkowitej odpowiedzialności za własną złość, jej przyczyny, objawy i konsekwencje, co stanowi niezbędny warunek jakichkolwiek zmian.

Czy twoja złość utrudnia ci życie? Czy często tracisz panowanie nad sobą? Czy od czasu do czasu wpadasz w szał? Czy zdarzyło ci się kogoś uderzyć albo z trudem powstrzymać od tego? Czy znajomi unikają cię, a bliscy przemykają obok ciebie na paluszkach? A może po prostu bez przerwy zapominasz zrobić to, o co właśnie poprosił cię twój partner, gubisz potrzebne dokumenty, spóźniasz się na ważne rodzinne spotkania?

Czy chcesz zmienić swoje zachowanie, nie złościć się tak często, tak długo i tak bardzo? Czy chcesz przestać krzywdzić innych i siebie? Czy chcesz poznać swoją złość, jej przyczyny i mechanizmy, a potem nauczyć się radzenia sobie z nią? Jeżeli tak, to ten poradnik zaspokoi twoją ciekawość, podsunie ci skuteczne rozwiązania, da oparcie w chwilach zwątpienia.

Niniejsza książka to przewodnik po złości. Opisuję w niej wszystkie odcienie tego uczucia. Wyjaśniam jego tajniki, o których często nie mamy pojęcia. Pokazuję mechanizmy, przyczyny i skutki złości oraz – co najważniejsze – sposoby, które pomogą ci uwolnić się od niej. Bezwzględnym warunkiem powodzenia w twoich potyczkach ze złością jest zaakceptowanie faktu, że ty i tylko ty jesteś całkowicie odpowiedzialny za swoją złość, nikt i nic poza tobą (twoim sposobem myślenia i działania) nie ma wpływu na jej powstanie i konsekwencje. W tej książce:

- pomagam ci uświadomić sobie własną złość;
- pokazuję mechanizm jej powstawania, wskazuję jej przyczyny oraz myśli i działania sprawiające, że wpadamy w błędne koło złości;
- pomagam dostrzec bolesne konsekwencje złości w naszym życiu;
- razem, szczebel po szczeblu, wchodzimy po drabinie złości i przemocy, składającej się ze wszystkich rodzajów złości – od złości nieświadomej po ślepą furię;
- razem schodzimy z kolejnych stopni drabiny, a pierwszym krokiem w dół jest przyrzeczenie zachowania spokoju, które składasz sobie. Jedynym sposobem na to, by uwolnić się od złości, jest przebaczenie sobie i innym wszystkich krzywd i cierpienia, co otwiera drogę do nowego, pełnego szacunku życia;
- również partnerzy osób z problemem złości znajdą coś dla siebie – nie tylko pomogę im lepiej zrozumieć przyczyny i mechanizmy złości ich bliskich, ale również uświadomię istnienie granicy, której w relacji dwojga ludzi

nie można przekraczać, a której uszanowanie czasem prowadzi do rozstania;

- pokazuję, jak złość niepostrzeżenie wdziera się w nasze życie, zaczyna dyktować swoje prawa, narzucać zachowania, a my biernie jej się podporządkowujemy, tracąc stopniowo wszystko, co najcenniejsze – poczucie własnej wartości, bliskich, przyjaciół, pozycję zawodową;
- znajdziesz konkretne rady i wskazówki podpowiadające, jak radzić sobie w różnych sytuacjach, uczyć się zdrowych reakcji i odruchów, osiągnąć to, czego pragniesz, w sposób bezpośredni, konkretny i uprzejmy.

Wstęp

To nie jest przyjemna książka. Jej celem nie jest poprawa twojego samopoczucia. Po jej przeczytaniu możesz nawet poczuć się gorzej, jeśli nie nauczysz się postępować mądrzej.

Spójrzmy prawdzie w oczy. Skoro czytasz tę książkę, prawdopodobnie masz poważne problemy ze złością lub stosujesz przemoc, a być może jedno i drugie. Wybuchasz złością z absurdalnych powodów. Mówisz i robisz rzeczy, których potem żałujesz, by za chwilę znowu zachować się tak samo. Straciłeś przyjaciół, partnera, pracę, być może i wolność, ponieważ nie jesteś w stanie zapanować nad swoją złością. Jeżeli nie straciłeś tego wszystkiego do tej pory, nastąpi to wkrótce, o ile nie nauczysz się postępować inaczej.

Może jesteś partnerem osoby uzależnionej od złości? Z tego powodu twoje życie powoli zamienia się w koszmar. Próbowałeś już wszystkiego, żeby zachować spokój – bez skutku. Nie wiesz, co robić. Nie chcesz odejść, ale nie możesz tak dalej żyć.

A może obie sytuacje nie są ci obce? Wiele osób z problemem złości ma równie skorych do ataków furii partnerów. Ludzie pełni złości się przyciągają.

Nie myślę tu o osobach, które złoszczą się trochę, od czasu do czasu. To amatorzy. Te osoby nie muszą czytać mojej książki. Można im polecić jakąś przyjemną lekturę na temat asertywności. One nie mają pojęcia o prawdziwej złości, prawda?

Ale założę się, że ty masz. Wiesz, jak się wpada w szał. Zdarzało się, że zaślepiała cię furia. Nie raz miałeś ochotę połamać komuś żebra. Czułeś, jak całkowicie tracisz panowanie nad sobą. Chciałeś stracić panowanie nad sobą, żeby móc rozdzielać razy na prawo i lewo. Rzucałeś, czym się dało, zniszczyłeś wiele rzeczy, nie pomijając związków z ludźmi. Często raniłeś uczucia innych. Ale co z tego? Zasłużyli na to, czyż nie? Obrażasz partnera, krytykujesz dzieci, wkurzasz przyjaciół. I nigdy, ale to nigdy, nie przepraszasz. Nie przyznajesz się do winy. Nie tłumaczysz się. To ty obwiniasz i zawstydzasz innych.

Wciąż jesteś zły. Złościsz się tak często, że nie pamiętasz już, jak to jest się nie złościć. Złość jest twoim najlepszym, być może jedynym, przyjacielem. Stała się niemal jedynym uczuciem, jakie odczuwasz. Żegnaj, szczęśliwości. Bywaj, radości. Lęku, smutku, odejdźcie. Miłość... a co jej do tego? Złość, złość, więcej złości – tym wypełnione jest życie. Żyjesz w ciągłej, nieustannej złości. Jesteś jak miotacz pocisków, któremu nigdy nie braknie amunicji. I tylko czasem się zastanawiasz, dlaczego nikt nie ma ochoty zbliżyć się do ciebie.

Nienawiść i pretensje – w tym jesteś naprawdę dobry. Niech tylko ktoś wspomni przy tobie o twoim byłym partnerze, a natychmiast zaczynasz się wściekać. Za to, jak cię potraktowali, twoi rodzice powinni smażyć się w piekle. Nie masz zamiaru się do nich odzywać. Masz więcej wrogów niż przeciętny człowiek koszul w szafie. W szkole wybrałeś specjalizację z nienawiści i byłeś bardzo pilnym uczniem.

To nie jest książka dla Anonimowych Alkoholików, ale pierwszy krok programu dwunastu kroków dotyczy również ciebie. Wystarczy zmienić słowo „alkohol" na „złość" i twój pierwszy krok wyglądałby tak:

Jesteśmy bezsilni wobec złości i utraciliśmy kontrolę nad własnym życiem.

Złość zdominowała całe twoje życie. Dopadła cię. Być może nie masz ochoty tego przyznać, ale tak właśnie jest – twoja złość cię dopadła[1].

Jeśli mi nie wierzysz, spróbuj przeżyć tydzień, ani razu nie wpadając w złość. Jeżeli ci się to nie uda, postaraj się wytrzymać choć dwadzieścia cztery godziny. Nie chodzi o to, żebyś gdy będziesz miał ochotę skręcić komuś kark, powstrzymał się w ostatniej chwili. To jak popijanie wódki w łazience, kiedy nikt nie widzi. Rzecz w tym, żebyś naprawdę nie wściekł się ani razu. Wyluzuj. Bez nerwów. Powodzenia! Będzie ci ono bardzo potrzebne.

Uzależnieni od złości mogą być i mężczyźni, i kobiety. Niektóre takie osoby są brutalne. Ranią wszystkich, których mogą zranić, co zwykle oznacza słabszych od siebie: tata bije mamę, mama bije dzieci, starsze dzieci biją młodsze, najmniejsze dzieci kopią psa.

Niektórzy ludzie używają języka tak jak inni pięści. Ranią okrutnymi słowami, takimi jak „dziwka" czy „dupek" i innymi, których nie będę tu przytaczał. Osoby te zapomniały, jak wyrażać się przyzwoicie, nie pamiętają słów „dziękuję", „proszę", „kocham cię".

Oba wspomniane rodzaje agresji często idą ze sobą w parze. Wówczas ludzie są brutalni i w słowach, i w czynach.

---

1 Pierwotnie tytuł tej książki miał brzmieć *Rageaholic* (złościoholik, uzależniony od złości). Jeśli masz naprawdę poważne problemy ze złością, mógłbyś nazwać się złościoholikiem. Możesz wykorzystać to określenie, aby pomóc sobie podjąć zobowiązanie do zmiany.

Złość normalna i problematyczna

Każdy złości się od czasu do czasu, ale większość ludzi wie, jak radzić sobie ze złością. Złość informuje ich, że coś jest nie tak. Sprawdzają wtedy, na czym polega problem, i podejmują odpowiednie działania. Następnie sprawdzają, na ile skuteczne było ich działanie. Jeżeli przyczyny złości nie zostały usunięte, rozważają inne rozwiązania. Jeśli zaś interwencja zlikwidowała problem, pozwalają złości minąć, by powrócić do normalnego funkcjonowania.

Oto jak działa zdrowy łańcuch złości:

1. Złość informuje mnie, że mam problem.
2. Zastanawiam się, jak mogę go rozwiązać.
3. Potem coś mówię lub robię.
4. Sprawdzam rezultat tego działania.
5. Próbuję inaczej rozwiązać problem (o ile poprzednio mi się nie powiodło).
6. Lub pozwalam złości przeminąć (jeśli moje działanie odniosło oczekiwany skutek).

A oto łańcuch złości osoby mającej problem z gniewem, która postępuje zupełnie inaczej:

1. Złość informuje mnie, że **wszystko** jest problemem.
2. Myślę o tym **bez przerwy**.
3. Potem **posuwam się za daleko** w tym, co mówię lub robię.
4. **Ignoruję** informacje o porażkach.
5. **Nie zmieniam** swoich działań.
6. **Nie pozwalam**, aby złość odeszła.

Brzmi swojsko? Przyjrzyjmy się uważniej reakcjom złościoholika.

Wszystko stanowi problem budzący twoją złość

Większość osób łatwo wpadających w złość jest nadmiernie wrażliwa. Nietrudno je dotknąć, urazić, zranić. W efekcie ciągle się złoszczą z powodów, których inni ludzie nawet nie dostrzegają.

Wszyscy codziennie otrzymujemy mnóstwo „zaproszeń do złoszczenia się". Takim zaproszeniem jest każde wydarzenie, które mogłoby być pretekstem do wybuchu złości. Na przykład:

- kierowca zajeżdża ci drogę;
- kawa jest za gorąca, cola za zimna;
- twój partner mówi: „Wybacz, kochanie, ale dzisiaj nie będzie seksu";
- twój syn bawi się w najlepsze, mimo że już czas na kolację;
- trawa przed twoim domem wciąż odrasta;
- współpracownik często urywa się z pracy;
- twój partner mówi: „Pokochajmy się" w chwili, gdy przekonany, że nic z tego nie będzie, zająłeś się czymś innym;
- właściwie wszystko, co otaczający cię ludzie mówią i robią.

Zwykle szybko uczymy się odmawiać na większość zaproszeń do złoszczenia się. Dlaczego? Ponieważ złość wymaga wiele wysiłku i jest wyczerpująca. Poza tym, jeśli cały czas wściekasz się o wszystko, nie znajdujesz już miejsca na inne uczucia. Z kolei osoby mające problem ze złością przyjmują stanowczo za dużo zaproszeń do złoszczenia się. Po prostu nie zdarza im się odmawiać.

Trawa rośnie bez przerwy? Niech idzie do diabła i zabierze ze sobą przeklętą kosiarkę! Partner ci odmówił? Świetnie! Masz fantastyczny pretekst, żeby narzekać godzinami. Pomachaj pięścią kierowcy! Rzuć szklanką o podłogę! Krzycz na dzieciaki! Wygarnij gościowi z pracy, żeby mu w pięty poszło! Zrób partnerowi awanturę, że jest jak zwierzę i interesuje go tylko seks!

Jak brzmiały słowa piosenki? „Wokoło wszystko tak pięknie rozkwita, jedna złość dla mnie i jedna dla ciebie". Co prawda w piosence były róże, a nie złość, ale poruszamy tu tak kłujący temat. Poza tym, jakim prawem mnie poprawiasz? To ja piszę tę książkę, a nie ty! Wkurzasz mnie! Jesteś…

Och, znowu to samo. Wściekam się bez powodu. Wybacz.

Bez przerwy myślisz o sprawach, które cię złoszczą

Jestem na nią wściekły. Potraktowała mnie jak śmiecia. Godzinami leżę w łóżku, myśląc o tym, co mi zrobiła. Budzę się w środku nocy z zaciśniętymi ze złości szczękami. Znajomych przyprawiam już o mdłości, opowiadając im po raz setny tę historię. Rodzice dawno przestali słuchać, co mówię.

Obsesja. Kiedy ktoś myśli, myśli i myśli na okrągło o tym samym, mówimy, że ma obsesję. Złościoholicy dostają obsesji na punkcie spraw, które ich złoszczą. Rozmyślają o doznanej krzywdzie, o tym, jak wiele spotkało ich w związku z nią przykrości, jak mogliby odpłacić osobie, która przyczyniła się do ich bólu, i tak dalej, i tak dalej.

Im więcej rozmyślasz o sprawach, które cię złoszczą, tym bardziej się złościsz.

To jest tak proste. Możesz godzinami rozpamiętywać swoją złość, ale w ten sposób jedynie ją pogłębiasz. Złość prowadzi tylko do większej złości. Kto je najwięcej lodów? Oczywiście osoby, które najwięcej myślą o lodach. Kto więc według ciebie najbardziej się złości?

Posuwasz się za daleko

Gdyby chociaż to myślenie prowadziło do sensownego działania... Jest jednak wręcz przeciwnie. Złościoholik zawsze mówi lub robi coś, czego potem żałuje. Dlaczego? Ponieważ jest przekonany, że wszystko, co zrobi ktoś inny, jest wstrętne, okropne, obrzydliwe.

Żeby się dowiedzieć, jak okropne jest to „coś", proszę swoich pacjentów o ocenę tego na skali od 1 do 10. Sprawa tylko troszeczkę okropna to jedynka, dość okropna to piątka, a straszna i nie do zniesienia to dziesiątka.

- Szalony kierowca?
- Siedem.
- Dzieci spóźniające się na kolację?
- Dziewięć.
- Odrzucenie przez partnera seksualnych zalotów?
- Jedenaście.
- Jedenaście na dziesięciopunktowej skali?

– Mówię jedenaście i właśnie to mam na myśli! Przecież to okropne. Nienawidzę tego. Dłużej tego nie zniosę! Jak on może robić mi coś takiego?! To mnie doprowadza do szaleństwa!

Czy już rozumiesz, o co mi chodzi? Niektórzy ludzie tak się złoszczą, że nie są w stanie rozsądnie myśleć. To samo dotyczy działania – kiedy decydują się coś zrobić, posuwają się za daleko.

Dziecko spóźnia się do domu dziesięć minut. Inny rodzic byłby odrobinę zirytowany, powiedziałby słowo czy dwa. Potem wszyscy spokojnie zjedliby kolację. Ale nie złościoholik. On krzyczy: „Jak śmiesz tak późno wracać do domu! Za kogo ty się uważasz? Próbujesz podważać mój autorytet? Nie mam zamiaru dłużej tego tolerować. Od tej pory możesz sam przygotowywać sobie posiłki" – i tak przez cały wieczór. Kolejny zepsuty posiłek. Być może następnym razem dziecko w ogóle się nie zjawi w domu na kolację.

Ludzie podatni na złość akceptują zbyt wiele zaproszeń do złoszczenia się. Za bardzo się angażują, przez co mówią i robią głupstwa, które tylko pogarszają sytuację. Co jeszcze można zrobić, żeby wszystko bardziej skomplikować? Niejedno! Czytaj dalej, a wkrótce się dowiesz.

Ignorujesz informacje o porażkach

– Hej, to było świetne. Oby tak dalej!
– Nie, to nie działa. Trzeba spróbować czegoś innego.

Ed Koch, były burmistrz Nowego Jorku, codziennie spacerował ulicami, pytając przechodniów: „Jak twoim zdaniem wypełniam swoje obowiązki?". Piastował swój urząd kilka kadencji między innymi dzięki temu, że uważnie słuchał odpowiedzi.

Ludzie, którzy się dużo złoszczą, otrzymują wiele negatywnych informacji zwrotnych – od swoich partnerów, rodzin, pracodawców czy przyjaciół. Wielokrotnie słyszą prośby, żeby się odprężyli, żeby choć na chwilę przestali się złościć. Niestety całkowicie je ignorują.

Co masz na myśli, mówiąc „Odpręż się!"? Jak to sobie wyobrażasz po tym, co mi przed chwilą zrobiła? Nie mów mi, żebym się uspokoił! Mam prawo być wściekły!

W rzeczy samej, złościoholicy uporczywie powtarzają sobie, że wszystko robią świetnie. „To ci idioci mają problem z moją złością, a nie ja! Mam ochotę być wściekły i nikt mnie przed tym nie powstrzyma!" – masz rację. Nikt cię nie powstrzyma, jeżeli sam tego nie zrobisz. A ty najwyraźniej nie masz na to ochoty.

W rozdziale 3 piszę więcej o gorączce złości. Mam na myśli nagły wzrost poziomu adrenaliny, jaki następuje w momentach odczuwania silnego gniewu. Ludzie trwają w złości częściowo dlatego, że jest to przyjemne. Ulegają wówczas działaniu bardzo intensywnych uczuć, z których niełatwo zrezygnować. Ta gorączka utrudnia również prawidłowe odbieranie informacji zwrotnych. Złość jest przyjemnym uczuciem. To prawda, że niektórzy uważają inaczej, ale po co ich słuchać? Tak przecież jest dobrze. Trwajmy w złości...

Nie zmieniasz swoich działań, mimo że są nieskuteczne

Ree Lasker, alkoholik o fantastycznym poczuciu humoru, opowiedział mi historyjkę o pijącym i niepijącym. Obydwaj siedzą w pokoju, w którym jest dwoje drzwi. Niepijący próbuje wyjść przez pierwsze z nich. Łup! Za drzwiami stoi ogromny facet, który kilkakrotnie uderza go kijem do baseballa. Niepijący wpada z powrotem do pokoju, chwilę odpoczywa i wychodzi drugimi drzwiami, których nikt nie pilnuje.

Teraz przychodzi kolej pijącego. Podchodzi do pierwszych drzwi. Łup! Przewraca się. Po chwili się podnosi, podchodzi do tych samych drzwi i znowu pada. Łup! Wszystko powtarza się jeszcze raz. Łup! Potykając się, oszołomiony ciosami pijący czwarty raz podchodzi do tych samych drzwi. Tym razem nie spotyka faceta z kijem baseballowym, idzie więc go poszukać!

Dlaczego ludzie podatni na złość za każdym razem starają się wyjść tymi samymi drzwiami? Dlaczego nawet nie próbują przejść innymi? Można wskazać co najmniej dwa powody.

Po pierwsze, wierzą, że złość jest im potrzebna. Nie słyszą złych wieści, bo nie chcą ich słyszeć. „Twierdzisz, że moja złość stanowi problem. Ale kiedy naprawdę się wściekam, zawsze dostaję to, o co mi chodzi. Sam więc widzisz, że jesteś w błędzie". Czy rzeczywiście? Czy aby nie zapominasz o negatywnych skutkach takiego zachowania? Niekończące się kłótnie. Ludzie nieodzywający się do ciebie od miesięcy. Kłopoty w pracy. Twoja złość przynosi o wiele więcej szkód niż korzyści. Musisz to przyznać.

Po drugie, złościoholicy się wściekają, ponieważ nie wiedzą, co innego mogliby robić. Trwają w swojej złości od tak dawna, że tylko w tym są dobrzy. Wyspecjalizowali się w złoszczeniu. Gdy tylko ktoś zaczyna mówić o jakichkolwiek innych uczuciach, czują się niezręcznie.

Jeżeli ktoś zawsze postępuje tak samo, osiąga zawsze ten sam rezultat. Ty także.

Nie pozwalasz, żeby twoja złość minęła

Niektórzy ludzie czepiają się swojej złości, jak gdyby była tratwą ratunkową na wzburzonym morzu. Ich motto brzmi: „Nigdy nie wybaczyć, nigdy nie zapomnieć". Jasne, Adam cię przeprosił. Ale nie przyjmuj jego przeprosin. Wkurzaj się dalej. Niech ma za swoje!

Niektórzy złościoholicy nie wiedzą, jak się zachowywać, kiedy nie są wściekli. To jeden z powodów, dla których wciąż się złoszczą. Złoszczenie się jest ich stylem życia – nie znają innego. Poza tym muszą być czujni, żeby nie przegapić żadnego zaproszenia do złoszczenia się. Nigdy nie wiadomo, kiedy stanie się coś, o co będą mogli się wściec. Dzięki temu zawsze są gotowi do wybuchnięcia złością. Nigdy nie odprężają się całkowicie. Są źli choćby odrobinę, w oczekiwaniu na kolejną rundę.

Osoba, która ma wszystkie opisane nawyki, ma poważny problem. Wpada w szał zbyt łatwo, pozostaje w tym stanie zbyt długo i wykorzystuje swoją złość niezbyt umiejętnie.

Dlaczego ktoś miałby chcieć żyć w stanie ciągłej złości? A dlaczego ktoś miałby chcieć zostać alkoholikiem? Nie decydujemy o tym, to się po prostu dzieje. Ale najważniejsze jest, że **ty i tylko ty możesz położyć kres panowaniu złości**

w twoim życiu. Nie twój partner. Nie twoi przyjaciele. Nie twój kurator, nauczyciel, matka czy ojciec ani mężczyzna siedzący obok ciebie w autobusie. Tylko ty.

Układ i tematyka kolejnych rozdziałów

W porządku, jakie więc konkretne kroki musisz przedsięwziąć, żeby uwolnić się od złości? Na początek przeczytaj tę książkę. Składa się ona z jedenastu rozdziałów, które tworzą dwie części: część dotyczącą zrozumienia problemu i część zawierającą propozycje konkretnych działań.

Rozdział 1: podejrzewam, że gdyby wszystko było w porządku, nie czytałbyś tej książki. Złość rujnuje ci życie. Wpadasz w coraz poważniejsze kłopoty. Pojawiają się problemy ze zdrowiem. Czasami zachowujesz się tak podle, że sam siebie nie lubisz. Czas spojrzeć prawdzie w oczy, zanim będzie jeszcze gorzej.

Rozdział 2: dlaczego się złościsz? Jakie są przyczyny twojej złości? Czy powoduje ją twoja rodzina? Pech? Czy coś jest nie tak z twoim mózgiem? W tym rozdziale omawiam kilka sposobów, z jakich korzystają ludzie, żeby złościć się bez przerwy. Rozczarujesz się jednak, szukając tu dla siebie usprawiedliwień, gdyż znajdziesz tylko wyjaśnienia. Bez względu na to, jak nieprzychylnie do tej pory obchodziło się z tobą życie, nie ma powodu, dla którego teraz miałbyś sam je sobie rujnować.

Rozdział 3: jeden lub kilka z następujących powodów nie pozwala ci się rozstać ze złością: władza i kontrola, odrzucanie odpowiedzialności, słabe umiejętności komunikacyjne, unikanie uczuć lub ludzi, nawyk, gorączka złości.

Rozdział 4: drabina złości i przemocy składa się z ośmiu szczebli. Najniższy to złość podstępna, na przykład celowe zapominanie. Najwyższy szczebel to ślepa furia, która niszczy wszystko, co pojawi się na jej drodze.

Rozdział 5: czas podjąć zobowiązanie, aby odmienić swoje życie. Nie chodzi o jednodniową obietnicę. Nie o „Spróbuję, ale...", z góry gwarantujące porażkę. Albo zdecydujesz się na konkretne kroki, żeby uwolnić się od złości, albo stracisz czas.

Rozdział 6: koniec z groźbami i przemocą. Wydaje się to dość oczywiste, prawda? A może jednak nie tak bardzo? Trzeba mieć dużo silnej woli, żeby skończyć z terroryzowaniem innych. Czy masz dość odwagi, żeby porozmawiać o problemach, zamiast od razu wpadać we wściekłość?

Rozdział 7: lepiej gryź się w język, dopóki nie nauczysz się mówić, jak trzeba. Bardzo łatwo jest znieważać słowami. Ale pomogę ci opanować lepsze sposoby porozumiewania się, o ile jesteś już gotów je stosować. Mam na myśli komunikację pełną szacunku. Zastosuj ją w kontaktach z innymi ludźmi, a niektórzy ci się odwzajemnią.

Rozdział 8: popadasz w paranoję? W tym rozdziale przyjrzymy się szalonym myślom złościoholików, z których powodu wszędzie wkoło widzą oni wrogów. Nie, twój partner nie ma cię dość. Gdyby tak było, już dawno odszedłby od ciebie. Czas oczyścić swoje myśli.

Rozdział 9: wiem, że urazy to twoi starzy, wierni przyjaciele. Ale czy naprawdę chcesz nadal rozpamiętywać uczucia nienawiści sprzed lat, mimo że prowadzą tylko do niestrawności i bólu w dołku? Czy kiedykolwiek będziesz gotów ruszyć do przodu ze swoim życiem?

Rozdział 10: to rozdział dla partnerów osób mających problem ze złością. „Czy zwariowałam, skoro wciąż go kocham?", „Co mam robić, kiedy ona dostaje szału? Zostać czy rzucić wszystko?", „Czy sam już zaczynam tracić kontrolę nad swoją złością?" – jeśli masz zamiar pozostać w związku, potrzebny jest ci plan przetrwania. Jeżeli chcesz odejść, nie komplikuj tego niepotrzebnym poczuciem winy.

Rozdział 11: proszenie o to, czego chcesz, jest sztuką; żeby ją opanować, musisz skończyć z manipulowaniem czy zastraszaniem innych. Możesz walczyć uczciwie, ale dopiero gdy odrzucisz swoją wściekłość.

Jeszcze raz powtórzę: moim celem nie jest poprawa twojego samopoczucia. W każdym razie nie teraz. Dobrze ci zrobi, jeśli będziesz czuć się podle przez jakiś czas. Jesteś uzależniony od złości; należysz do jednej z mniej szczęśliwych grup ludzi. Zapracowałeś na każdą sekundę swojej niedoli. Co jednak sądzisz o podjęciu pewnych działań, dzięki którym reszta twojego życia nie będzie tak beznadziejna jak do tej pory?

Część 1

Zrozumieć złość

Rozdział 1

Złość dezorganizuje moje życie

Złość jest silnym uczuciem. Może przysporzyć ci wielu problemów. Czy chcesz się przekonać, jaki wpływ ma na twoje życie? Oczywiście, że nie! O ileż wygodniej jest nie dostrzegać prawdy: „Kto się wścieka? Ja? To musi być jakaś pomyłka. Ja przecież nigdy się nie złoszczę!". Prawdę można też lekceważyć: „No, zgoda, może czasem się trochę pozłoszczę, ale żeby zaraz robić z tego wielki problem?...". Można też o wszystko obwiniać innych: „Tak, wściekam się, ale to wszystko jego wina".

Skończmy z tymi bzdurami. Nie jesteś niewinną ofiarą. Nie jesteś najsłodszą istotą na ziemi. Bądź ze sobą szczery. Złościsz się, złościsz się na okrągło. Jesteś uzależniony od złości. Chcesz dowodów? Czytaj dalej, a znajdziesz je, jeśli tylko będziesz miał odwagę spojrzeć prawdzie w oczy.

Chaos, czyli efekty długotrwałej złości

Spójrz na rysunek koła podzielonego na osiem części na rycinie 1. Przypomina ono tort urodzinowy, którego każdy kawałek to jeden z obszarów twojego życia. Jest to schematyczny rysunek twojego Koła Złości. Każdy wycinek przedstawia jedną z podstawowych dziedzin twojego życia, które ulegają niszczycielskiemu wpływowi twojej złości.

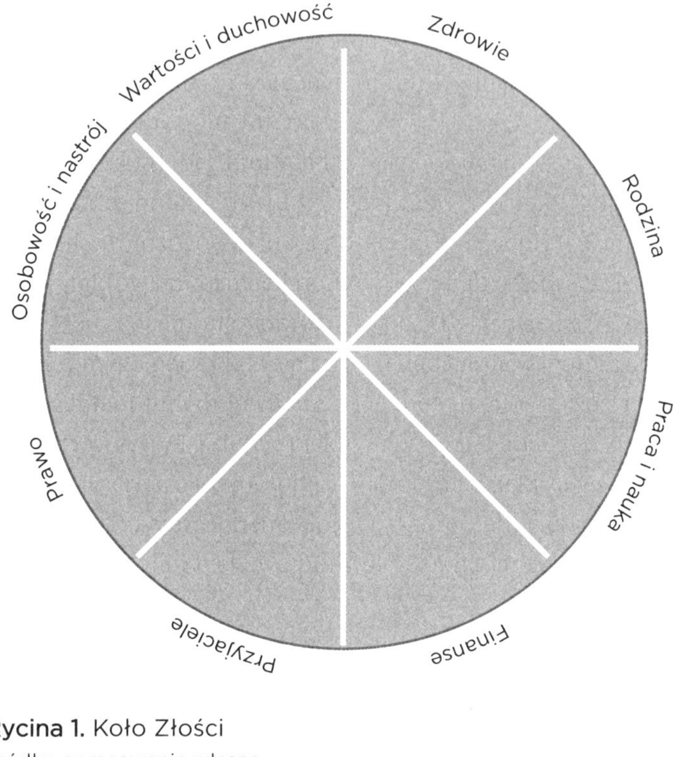

Rycina 1. Koło Złości
Źródło: opracowanie własne.

W tym rozdziale opiszę najpopularniejsze problemy, z którymi borykają się złościoholicy w każdej z wymienionych sfer życia. Najpierw jednak wynotuj wszelkie negatywne efekty złości, które obserwujesz w swoim życiu. Jeżeli się okaże, że moja lista nie obejmuje wszystkich wymienionych przez ciebie problemów, uzupełnij ją.

Zdrowie

Tu spoczywa wstrętny Jerzy,
Który w złości życie przeżył.
Umarł młodo smętny brat,
Krótko płakał po nim świat.

Tak może wyglądać napis na twoim nagrobku, jeżeli nadal będziesz lekceważyć swój problem ze złością.

Charles Spielberger jest psychologiem badającym zjawisko złości. Jak wielu innych badaczy odkrył, że złość jest wielkim zagrożeniem dla zdrowia. Nie chodzi mu o krótkie, chwilowe napady gniewu, które od czasu do czasu mogą się zdarzyć każdemu z nas i które są czymś normalnym, lecz o stan intensywnego rozdrażnienia utrzymujący się przez dłuższy okres lub o bardzo częste napady wściekłości.

Stale utrzymująca się złość może doprowadzić cię do szybkiej śmierci. Uczucie to uruchamia bowiem reakcję walcz lub uciekaj, która wiąże się z nagłym wzrostem poziomu adrenaliny we krwi. Złość jest więc reakcją ratunkową. To tak, jakby twoje ciało mówiło: „Uwaga! Niebezpieczeństwo! Bądź czujny! Zrób coś!". Jednocześnie ciśnienie krwi ci się podnosi i utrzymuje na wysokim poziomie przez dłuższy czas, nawet gdy niebezpieczeństwo już dawno minęło. W rezultacie złościoholicy miewają ataki serca i wylewy. Im częściej i intensywniej się złościsz, tym większe jest prawdopodobieństwo, że umrzesz młodo. Jeżeli mi nie wierzysz, spójrz w lustro w czasie następnego ataku złości. Czerwona twarz, zaciśnięte pięści – przypominasz kocioł parowy chwilę przed eksplozją. Towarzysząca ci nieustannie złość może zabrać wiele lat twojego życia.

Ale nie jest to jedyne ryzyko, na jakie wystawiasz swoje zdrowie. Czy zapomniałeś już, jak z wściekłości uderzyłeś pięścią w okno, czemu zawdzięczasz pamiątkę w postaci blizny po dwudziestu szwach? A pęknięta kość – skutek napadu szału, w którego trakcie zapamiętale waliłeś ręką w ścianę? Jeśli wdajesz się w bójki, przypomnij sobie, ile razy byłeś potłuczony. Ile razy skończyłeś w szpitalu? Być może twoi przeciwnicy nie wyglądali lepiej od ciebie, ale te wszystkie incydenty nie miałyby miejsca, gdybyś nie był porywczy.

Wściekły człowiek za kierownicą samochodu to potencjalna przyczyna wypadku. Czy często ruszasz z piskiem opon, żeby już po kilku sekundach pędzić z prędkością stu kilometrów na godzinę?

Ludzie uzależnieni od złości nie tylko atakują innych, ale ich agresja bardzo często skierowana jest przeciwko nim samym. Stukają się w głowę z okrzykiem „Ależ jestem głupi, taki głupi!" lub nawet samookaleczają.

Zdarza się też, że złość powoduje przytępienie lub zaćmienie świadomości. Nie chodzi mi o sytuacje, które są efektem działania alkoholu, chociaż muszę podkreślić, że alkohol dodatkowo stymuluje taki stan. Mam na myśli momenty, kiedy złość niemal odbiera ci świadomość. Zachowujesz się wtedy jak opętany: wyjesz, wrzeszczysz, atakujesz każdego, kogo napotkasz na swojej drodze. Zdarzenia tego typu są sygnałem, że złość całkowicie wymknęła ci się spod kontroli.

Czy to brzmi przyjemnie? Nie sądzę. Zrób więc coś, by w kwiecie wieku nie umrzeć z powodu tętniaka, który może być bezpośrednim skutkiem życia w złości.

Wróć do Koła Złości i zanotuj wszystkie swoje problemy ze zdrowiem, które są efektem twoich napadów gniewu.

Rodzina

Przeczytaj jeszcze raz tekst epitafium. Jak sądzisz, dlaczego ostatnia linijka brzmi: „Krótko płakał po nim świat”? Ponieważ życie z osobą wściekającą się o każdy drobiazg nie jest przyjemne. Nie chodzi mi o to, że twój partner czy dzieci przestaną cię kochać, choć i tak może się zdarzyć. Kto będzie ich winił, jeżeli opuszczą osobę, która nieustannie narzeka, wścieka się i tyranizuje wszystkich wokoło? Jeśli nawet nadal cię kochają, czy to może coś zmienić? Czy próbowałeś przemawiać czule do osoby, która wrzeszczy z wściekłości? Nic nie zdziałasz, a do tego zostanie ci gorzki smak porażki. To zrozumiałe, że w takich sytuacjach twoja rodzina woli trzymać się od ciebie z daleka.

Często słyszę skargi rodziców, którzy pragną rozmawiać ze swoimi dziećmi i spędzać z nimi czas. Ale kiedy pytam ich synów i córki, dlaczego unikają rodziców, ci odpowiadają, że mają dość ciągłych ataków, nieustannej krytyki, atmosfery irytacji i zniecierpliwienia.

Czy twoja rodzina też unika twojej złości, a co za tym idzie – ciebie? Czy wszyscy chodzą wokół ciebie na paluszkach, jakby chcieli pozostać niewidzialni? (Jeżeli zależy ci na tym, by twoi bliscy truchleli na twój widok, uważnie przeczytaj rozdział 3).

A może z powodu ataków złości straciłeś partnera? Czy także w obecnym związku powielasz ten schemat?

Czy ty i twój partner dużo ze sobą walczycie? Dużo oznacza co najmniej jedną wytrącającą z równowagi kłótnię dziennie lub co drugi dzień bądź brutalną konfrontację. Czy znajomi już nazywają was Walczącą Rodziną albo Parą w Stanie Wiecznej Wojny i wszyscy pierzchają na wasz widok, ponieważ potraficie zepsuć każdą imprezę?

Pamiętam serial, w którym w każdym odcinku para bohaterów staczała walkę, aby w ostatnich minutach zażegnać konflikt. W prawdziwym życiu takie konfrontacje trwają zwykle o wiele dłużej, czasem całymi tygodniami. Paląca złość. Lodowata złość. To straszne.

Chcę zadać ci ważne pytanie: czy twoje złoszczenie się niepokoi kogoś z twojej rodziny? Jeżeli martwi to choć jedną osobę, to prawdopodobnie masz problem ze złością, jeśli martwi się kilka osób – na pewno masz problem. Porozmawiaj z bliskimi. Zapytaj ich, co wiedzą o twojej złości. Wysłuchaj ich uważnie. Bądź otwarty. Nie zaprzeczaj. Nie broń się. Nikogo nie obwiniaj. Po prostu słuchaj pokornie wszystkiego, co bliscy mają ci do powiedzenia.

Problemy rodzinne zawsze ujawniają się wyraźniej w okolicy świąt. Jak w twoim domu przebiegają Boże Narodzenie, Wielkanoc, inne rodzinne święta czy choćby niedziele? Czy jesteś wtedy spięty, zdenerwowany, podminowany, niespokojny? Dla złościoholików są to zwykle bardzo trudne dni, a skoro dla nich, to i dla ich rodzin.

Czy znęcasz się fizycznie nad swoimi bliskimi? Jeżeli zdarza ci się kogoś uderzyć, pchnąć, zatrzymać siłą, to masz poważny problem ze złością.

Ale przemoc fizyczna to nie jedyny możliwy rodzaj przemocy. Jeżeli wrzeszczysz, obrażasz innych, obwiniasz ich czy zawstydzasz, to stosujesz agresję psychiczną, która stanowi równie poważny problem.

A jakie masz relacje z rodzicami? Czy żywisz do nich urazę? Czy negatywne uczucia uniemożliwiają ci normalne rodzinne kontakty?

Zdrową rodzinę łączy miłość, a nie kłótnie i wzajemne pretensje. Dlatego utrzymująca się złość niszczy rodzinne więzi. Nie pozwól, żeby spotkało to ciebie i twoich bliskich.

Wróć do Koła Złości i zanotuj wszystkie problemy rodzinne, które są efektem twoich napadów złości.

Praca i szkoła

Ostrzeżenia. Nagany służbowe. Zawieszenie w czynnościach. Zaprzepaszczone awanse. Zwolnienie.

Jakiś czas temu pewien znajomy chciał zasięgnąć u mnie porady.

Mam świetną pracownicę. Chętnie awansowałbym ją na bardziej odpowiedzialne stanowisko. Mam jednak wątpliwości, czy w ogóle mogę zatrzymać ją w firmie. W normalnych warunkach sprawdza się bezbłędnie. Są jednak sytuacje, w których ogarnia ją niepohamowana złość. Wówczas traci całkowicie panowanie nad sobą, krzyczy, awanturuje się, jest nieobliczalna. Czy potrafiłbyś pomóc jej nauczyć się kontrolować te napady złości?

Owszem, potrafiłbym, ale koniecznym warunkiem jest to, że dana osoba uświadomi sobie swój problem. Gdy z nią rozmawiałem, wspomniana kobieta początkowo winiła otoczenie (szefa i współpracowników) za swoją sytuację w pracy. Po chwili jednak zdobyła się na szczerość wobec siebie i potwierdziła moje przypuszczenia. To była jej trzecia posada. Dwie poprzednie straciła w podobny sposób. Była osobą wykształconą i inteligentną, ale złość była silniejsza i rujnowała jej życie zawodowe.

Twoje nacechowane złością zachowanie w pracy może odpowiadać jednemu z trzech schematów: nieustanna walka z przełożonymi, ciągłe utarczki ze współpracownikami, wyżywanie się na podwładnych. Trudno się dziwić, że nikt nie ma ochoty wychodzić z tobą na lunch.

Częste zmiany miejsca pracy, które są następstwem problemów ze złością, nazywam ucieczką geograficzną.

Podobnie może się kształtować sytuacja w szkole. Do wszystkich wymienionych wcześniej cech dodaj odrobinę młodzieńczej przekory i otrzymasz wybuchową mieszankę („Sam jestem sobie panem i nikt nie będzie mi mówić, co mam robić"). Nietrudno sobie wyobrazić, że bez dojrzałości i doświadczenia, które niesie ze sobą wiek, otrzymamy młodego buntownika wściekającego się na cały świat.

Wróć do Koła Złości i zanotuj wszystkie problemy w pracy lub w szkole, które są efektem twoich napadów złości.

Finanse

Złość to kosztowna przywara. Przede wszystkim są koszty związane z odkupieniem przedmiotów, które zniszczyłeś w czasie ataków furii, takich jak kieliszki, szklanki, talerze, telefony, zabawki, telewizory (wyrzucone przez okno), samochody (twoje i cudze), drzewa (zrąbane w porywie szału), czyli wszystkiego, co znalazło się pod ręką w pechowym momencie. Takie chwilowe wyładowania przynoszą ulgę, ale czy na długo?

Do tego dodaj koszty leczenia: wizyty na pogotowiu, pobyt w szpitalu (twój lub osoby, którą zraniłeś). To spore wydatki, a oprócz nich są straty, których nie da się przeliczyć na pieniądze. Do tego dochodzą grzywny za niewłaściwe zachowanie czy zakłócanie porządku publicznego.

Panie Kowalski, pańskie zachowanie podlega karze 350 złotych, plus koszty sądowe.

Następny proszę! O, to znowu pan, panie Kowalski? Tym razem kara wynosi 500 złotych, oczywiście plus koszty sądowe.

Przypominasz sobie tę paskudną sytuację w trakcie rozwodu? Wściekałeś się na żonę i żeby ją jak najboleśniej zranić, przysiągłeś, że nawet kosztem utraty oszczędności całego życia odbierzesz jej dzieci. Połowicznie miałeś rację, rzeczywiście straciłeś wszystkie oszczędności. Czy naprawdę się łudziłeś, że prawna opiekunka twoich dzieci zaopiniuje pozytywnie twój wniosek po tym, jak przy wszystkich nazwałeś ją feministyczną suką?

Zresztą alimenty też drenują ci kieszeń.

Ponownie wróć do Koła Złości i zanotuj wszystkie problemy finansowe, które są efektem twoich napadów złości.

Przyjaciele

Przyjaźni szczerej duch nas łączył,
A złość nas rozdzieliła.
Duma nie daje, bym spór skończył,
Choć myśl ta sercu miła.

Wszyscy potrzebujemy przyjaciół. Niestety osoby uzależnione od złości same niszczą swoje przyjaźnie. Wcześniej czy później prowokują konflikt, a potem następny i kolejny. Przyjaciele starają się łagodzić nieporozumienia, ale złoścoholik tak naprawdę wcale nie chce zrezygnować z walki. Walka leży w jego naturze. Lepiej pogodzić się z utratą przyjaciela niż przestać się złościć.

Stosujesz coraz bardziej przemocowe metody. W rezultacie liczba twoich przyjaciół stopniowo maleje, zostaje jeden, dwóch, czasem żaden. Rezultatami są samotność i izolacja. Wściekasz się, że ciągle jesteś sam. A przyczyną takiego stanu rzeczy jest twoja złość. Jeśli się z nią uporasz, być może odzyskasz kilku dawnych przyjaciół i zdobędziesz nowych.

A może wszyscy twoi przyjaciele są, tak jak ty, uzależnieni od złości? To dopiero zabawa! Kto z kim przestaje, takim się staje. Trudno się dziwić twoim kłopotom, skoro otaczasz się samymi złośnikami.

Wróć do Koła Złości i zanotuj wszystkie problemy z przyjaciółmi, które są efektem twoich napadów złości.

Prawo

Mieszkałem kiedyś w okolicy, w której mniej więcej co kwadrans można się było natknąć na policyjny patrol. Rutynowe kontrole. Przy bliższym poznaniu policjanci okazali się bardzo sympatycznymi ludźmi. Tylko nie rozumiem, dlaczego aż tak się o nas troszczyli. Na pewno nie miało to nic wspólnego z naszymi napadami złości...

Jak bliska zażyłość łączy się z dzielnicowym? Czy już mówicie sobie po imieniu? Jeśli nie, to nie ustawaj w swoich wysiłkach, a na pewno niedługo lepiej się poznacie. Wspominałem już o zakłócaniu porządku publicznego, do tego dochodzą jeszcze skargi sąsiadów. Być może nie każda z nich kończy się interwencją policji, ale to nie zmienia faktu, że są kolejnym potwierdzeniem twoich problemów ze złością.

Nakazy i zakazy są irytujące dla wszystkich, a jednak tylko tobie się wydaje, że wina zawsze leży po drugiej stronie,

nie twojej. Winę zawsze ponoszą jacyś „inni". Ty jesteś tylko bierną ofiarą, najspokojniejszą osobą w całej okolicy. Wszystkie zarzuty pod twoim adresem to mające cię zniszczyć pomówienia.

Ludzie, których złość objawia się w brutalnych zachowaniach, często kierowani są do placówek zajmujących się sprawcami maltretowania i przemocy wobec dzieci. Czy to jest powód, dla którego czytasz tę książkę? Jeżeli tak, to masz kolejne potwierdzenie swoich poważnych problemów ze złością.

Wróć do Koła Złości i zanotuj wszystkie problemy z prawem, które są efektem twoich napadów złości.

Nastrój i osobowość

Czy przypominasz sobie historię szanowanego naukowca doktora Jekylla, który po wypiciu tajemnego eliksiru przeobrażał się w pana Hyde'a – straszliwą kreaturę, ucieleśnienie samego zła? Ty też jesteś najmilszą osobą pod słońcem, kiedy się nie wściekasz. Dopiero złość zamienia cię w bestię. Im dłużej jej ulegasz, tym mniejszą masz kontrolę nad swoim życiem. Stajesz się podejrzliwy, trudny w kontaktach, niebezpieczny. Często nie zdajesz sobie sprawy z zachodzących zmian.

Złościoholicy stopniowo uodparniają się na swoją złość, przyzwyczajają się do życia z nią na co dzień. Co więcej, muszą się złościć bardziej i bardziej, żeby odczuć jej efekty. Ćwiczą się w odczuwaniu coraz silniejszej złości, często wciągając w to całą rodzinę: „Och, tata znowu się pieni, ale dopóki niczym w nas nie rzuca, nie ma się co przejmować". Tak powstaje błędne koło złości – im bardziej się wściekasz teraz, tym więcej złości kumulujesz w sobie na przyszłość.

Wróć do Koła Złości i zanotuj wszystkie problemy z nastrojem i osobowością, które są efektem twoich napadów złości.

Wartości i duchowość

Wstyd i poczucie winy pojawiają się wtedy, gdy kierujesz swoją złość przeciwko innym, gdy ranisz ludzi, których nigdy nie chciałeś zranić.

Jak mogłem zrobić coś takiego? Dlaczego mówię te straszne rzeczy? Przecież dobrze wiem, że to wszystko nieprawda. Robię to tylko po to, żeby ich krzywdzić, co mi się udaje. Czuję się podle. Co ze mnie za człowiek, żeby tak poddawać się własnej złości? Musi być ze mną coś nie tak!

Zwykle wstyd i poczucie winy pojawiają się za późno. Po powiedzeniu wszystkiego, co powiedziałeś, oczywiście czujesz się nie najlepiej. Żeby jednak to zmienić, musisz dokonać w życiu radykalnych zmian. Gdyby wstyd i poczucie winy wyprzedzały twoje wybuchy złości, miałbyś szansę wstrzymać na chwilę swoją reakcję, zastanowić się, poszukać kompromisowego rozwiązania, zrobić tysiąc innych rzeczy, dzięki którym nazajutrz patrzyłbyś w lustro bez uczucia wstydu i obrzydzenia.

Zrób listę wartości, które uznajesz za ważne, takich jak uczciwość, prawość, odpowiedzialność za rodzinę. Wymień wszystkie, które coś dla ciebie znaczą. Następnie odpowiedz sobie na pytanie, o ilu z nich zapominasz, kiedy miotasz się z wściekłości. Czy nie mam racji, podejrzewając, że na chwilę tracisz je wszystkie z pola widzenia: i uczciwość, i prawość, i odpowiedzialność? Wówczas liczy się dla ciebie wygrana – pokonanie i upokorzenie przeciwnika.

Pojawia się nienawiść. To ona trzyma cię w pułapce, łamie ducha, powstrzymuje rozwój. Nienawiść jest chwastem w ogrodzie życia. Szybko się rozprzestrzenia. Zdarza się, że niszczy wszystkie kwiaty i odbiera życiu całą radość.

Niektórzy notorycznie złoszczący się ludzie wściekają się na Boga i do niego kierują swoje pretensje. „Co ostatnio dla mnie zrobiłeś?" – pytają, wymachując zaciśniętą pięścią. Uważają, że szansa, która im się słusznie należy, nigdy nie była im dana. Z upływem czasu się załamują, coś w nich pęka. Odczuwają pustkę. Sądzą, że bezpowrotnie utracili spokój ducha. Szczęście wydaje się czymś mglistym, nieosiągalnym. Rzeczywiście – nie osiągną go, o ile nie spojrzą prawdzie w oczy i nie zaakceptują rzeczywistości.

Wróć do Koła Złości i zanotuj wszystkie problemy związane z wartościami i duchowością, które są efektem twoich napadów złości.

Podsumowanie

Wróć jeszcze raz do swojego Koła Złości. Jeżeli choć jeden z obszarów jest wypełniony opisami skutków twojego gniewu, to masz problem ze złością. Negatywne konsekwencje (czyli wszystkie bolesne skutki złości) są wynikiem wielu lat – czasami całego życia – wypełnionych złością. Im większą liczbę wycinków koła zapełniają twoje problemy, tym gorszy jest obraz twojego życia.

Czy masz poważny problem ze złością? Tak, jeśli twoje Koło Złości wypełniają opisy jej negatywnych konsekwencji.

Rozdział 2

Dlaczego tak bardzo się złoszczę?

Nadszedł czas konfrontacji z rzeczywistością. Masz poważne kłopoty. Ale jak do tego doszło? Czy urodziłeś się wściekły? A może to się zaczęło w dzieciństwie? W młodości? W dorosłym wieku? Czy masz poważne problemy psychiczne, dolegliwości fizyczne, kłopoty z alkoholem lub narkotykami?

Będziemy szukać wyłącznie wyjaśnień, nie interesują nas wymówki ani tłumaczenia. Ty i tylko ty jesteś odpowiedzialny za swoją złość. Ale poznanie przyczyn uzależnienia od niej pomoże ci dokonać koniecznych zmian.

Każdy z nas ma swoją historię. Oto moja: kiedy miałem dziewięć lat, umarła moja matka. Ojciec nigdy nie otrząsnął się po tym ciosie. Był nieustannie przygnębiony, a po pewnym czasie zaczął słabnąć z powodu zaawansowanej cukrzycy. Całkowicie stracił poczucie humoru. Stał się przewrażliwiony i uszczypliwy. Często się złościł, rzadko kiedy się cieszył. Nie bił nas, ale cała rodzina przeobrażała się wraz z nim. Wszyscy staliśmy się podli, złośliwi, gderliwi i skorzy do gniewu. Życie przestało być zabawne. Niemal bez przerwy się kłóciliśmy. Przez dziesięć lat w naszym domu panowała złość.

Miałem jednak szczęście. Po śmierci taty zobaczyłem, jak można kochać – najpierw dzięki troskliwym krewnym, potem dzięki Pat, mojej przyszłej żonie. Całe lata pozbywałem się złości, ale nadal muszę bardzo uważać. Niezwykle łatwo jest wrócić do starych przyzwyczajeń. Jedno wiem na pewno: nigdy więcej nie chciałbym żyć tak jak wtedy. Tylko ode mnie zależy, czy tak się nie stanie.

A jaka jest twoja historia?

Osoby mające problem ze złością pochodzą z rodzin uzależnionych od złości

Główną i najczęstszą przyczyną problemów ze złością jest dorastanie w domu, w którym występowały tego typu problemy. Dzieci uczą się złoszczenia od rodziców. Uczą się, kiedy się złościć, jak się złościć i jak bardzo się złościć. Nazywamy to modelowaniem zachowań.

Rodziny z poważnym problemem złości funkcjonują w odmienny sposób. Ich członkowie mają trzy destrukcyjne nawyki:

- uważają, że złość jest czymś zupełnie normalnym;
- nie słuchają cię, dopóki nie zaczniesz się złościć;
- starają się rozwiązywać swoje problemy za pomocą złoszczenia się.

Przyjrzyjmy się tym nawykom.

W rodzinach mających poważny problem ze złością uczucie to jest wszechobecne i normalne

Złość pełni jedną ważną funkcję – sygnalizuje, że coś jest nie tak. Ale w wielu rodzinach jest jak zepsuty znak ostrzegawczy na przejeździe kolejowym – dzwoni i świeci cały czas, nawet gdy nie przejeżdża żaden pociąg.

Członkowie takich rodzin ciągle się wściekają. Zdarza się, że mają konkretne powody do złości. Jeśli nie, stwarzają je sami. Złość jest czymś, czego oczekuje się od wszystkich. Prawie zawsze ktoś jest na kogoś zły. Jedno starcie dziennie to minimum. W praktyce właściwie każdy jest zły na każdego. Jest to jak walka zapaśnicza, jak opera mydlana, jak przedziwna piłkarska rozgrywka. „Hej, przynieście swoje tabele wyników! Zgadnijcie, kto kogo dzisiaj nienawidzi najbardziej?!". Takim rodzinom nie zdarzają się chwile nudy.

Czy byłeś kiedykolwiek gościem takiej rodziny? Być może nie zdawałeś sobie sprawy, że ci ludzie są aż tak kłopotliwi, do momentu, gdy zadzwoniłeś do drzwi ich domu. Dobiegły cię odgłosy kłótni. Ojciec wrzeszczał na dzieci, matka krzyczała na ojca, mały Adaś tylko „łaskotał" swojego młodszego, zapłakanego brata. Nikt nie słuchał nikogo.

Twoja obecność nie wpłynęła zbytnio na atmosferę tego domu. Cóż, rodzina może odrobinę się uspokoiła, ale kłótnia trwała. Groźby, obelgi, dogadywanie sobie, bezsensowne utarczki. Momenty ciszy wypełniało napięcie. Co najgorsze, ta szarpanina wydawała się im czymś zupełnie normalnym. Norma. Rutyna. Codzienny tok zajęć. Wyglądało na to, że ci ludzie zachowują się tak przez cały czas. Nie urządzili specjalnych występów, żeby zrobić na tobie wrażenie. Oni naprawdę są rodziną mającą poważny problem ze złością.

Pomyśl o dzieciach. Jaki wpływ będzie miała na nie tocząca się cały czas walka? Czego się nauczą? Złościć się na okrągło, gdy dorosną. Niektórzy dorośli wychowani w rodzinach uzależnionych od złości przysięgają sobie, że nigdy tacy nie będą, że nigdy nie uzależnią się od złości. Mimo to wściekają się z byle powodu, bo tak zostali wychowani.

W rodzinach mających poważny problem ze złością nikt cię nie słucha, dopóki nie zaczniesz się złościć i krzyczeć

Szesnastoletnia Maja sprzecza się z matką. Obrzucają się obelgami. Grożą sobie nawzajem. Maja wali pięścią w stół. Matka krzyczy na nią, żeby się zamknęła.

To nic wielkiego. Często tak się zachowują, złoszczenie się to ich codzienność. Ale nagle matka bierze do ręki cukiernicę i ciska nią w córkę, mijając przy tym jej głowę o centymetry.

– Czemu to zrobiłaś?! – krzyczy dziewczyna.

– Ponieważ – odkrzykuje matka – to jedyny sposób, żebyś mnie wysłuchała.

Oto jak można zyskać czyjąś uwagę, coraz bardziej i bardziej się złoszcząc.

Na początku wystarczy, że bardzo głośno mówię. Potem to już nie skutkuje. Wtedy wrzeszczę. Ale oni tylko się śmieją, jestem więc zmuszony zachowywać się jak wariat. Gdybym tego nie robił, zignorowaliby mnie całkowicie. Zastanawiam się, czy jeśli i to przestanie działać, będę zmuszony kogoś uderzyć.

To nie dotyczy tylko ciebie; każdy członek rodziny, który chce być zauważony, musi złościć się coraz bardziej. Złość jest jedyną reakcją przyciągającą uwagę.

Czasem złościoholicy pytają mnie, dlaczego inni odbierają ich zachowanie jako przepełnione złością. To dlatego, że zachowują się o wiele za głośno. Zdaje im się, że rozmawiać można, tylko wrzeszcząc. Rozpychają się łokciami. A najsmutniejszy jest fakt, że robią dokładnie to, czego nauczyli się w domu.

Czy wychowywałeś się w podobnej rodzinie? Czy w niej rozpocząłeś swoją karierę zlościoholika?

Rodziny mające poważny problem ze złością starają się rozwiązywać swoje trudności za pomocą złoszczenia się

Może wychowywałeś się w rodzinie, która stosowała złość jako panaceum na wszystkie problemy?

Jan opuścił w szkole dzień zajęć? Nie ma sprawy, czeka go trzygodzinna reprymenda. Tata zerknął na śliczną brunetkę? „Gdzie strzelba? Zaraz zabiję tego skurczybyka!" – krzyczy mama. Julia zjadła dwa kawałki ciasta? „Wystarczy. Przy następnym kawałku usłyszy, co o tym myślę!". Nastoletnia córka skłamała? „Dożywotni areszt domowy!". „Jak mogłeś zrobić mi coś takiego?!". „Jestem wściekły na ciebie i nigdy ci nie wybaczę!". „Doprowadziłeś mnie do szału! Drogo mi za to zapłacisz!".

Te rodziny stosują złość w niewłaściwy sposób. Za jej pomocą próbują rozwiązywać swoje problemy, co jednak nie skutkuje. Przypomina to wkręcanie śruby za pomocą młotka. Złość jest sygnałem, a nie rozwiązaniem. Zapamiętaj: złość nie pomoże ci pozbyć się problemów. Ona tylko informuje cię o tym, że problem istnieje. To wszystko. Problem może mieć źródło w tobie (wstałeś dziś z okropnym bólem głowy) albo w świecie zewnętrznym (dzieciaki stłukły piłką szybę). W takich sytuacjach wściekanie się niczego nie rozwiąże. Złość mówi ci tylko, żebyś zareagował w mądry, przemyślany sposób. W żadnym razie nie upoważnia cię do utraty panowania nad sobą. Sama w sobie nie rozwiązuje problemów – ona je tworzy.

Powtórzę raz jeszcze: ludzie mający problem ze złością pochodzą z rodzin mających taki problem. Czy zwróciłeś uwagę na to, że przykłady, które podawałem, odnosiły się do teraźniejszości, a nie przeszłości? To dlatego, że ludzie wychowani w rodzinach uzależnionych od złości często przenoszą problem złości na rodziny, w których żyją obecnie.

Czy dorastałeś w rodzinie, w której rządziła złość? Jak często twoi rodzice się złościli? Jak radzili sobie ze swoją złością? Czy to od nich nauczyłeś się złościć za często, za długo, za bardzo? Czy sam założyłeś złoszczącą się rodzinę? Czy swój nawyk wściekania się o byle co przekazujesz następnemu pokoleniu?

Już teraz powstrzymaj ten proces. Przecież nie musisz traktować swoich dzieci w ten sam sposób, w jaki ty byłeś traktowany.

Inne źródła problemu ze złością

Dorastanie w rodzinie uzależnionej od złości z pewnością wpływa na to, że ktoś ma problem ze złością, ale istnieje wiele innych źródeł tego problemu.

Przemoc fizyczna i seksualna

Złościoholicy często są ofiarami długotrwałej przemocy fizycznej. Przetrwali, ale zostali bardzo skrzywdzeni. Nie potrafią zapomnieć swoich krzywd, pozostawić przeszłości za sobą. Wręcz przeciwnie, zdają się pamiętać każdy cios, każde poniżenie, każdy moment panicznego strachu. I na każde z tych wspomnień reagują złością. Wpadają we wściekłość.

Marzą o zemście. „Gdybym tak dostał go w swoje ręce…". Czasem udaje im się jakaś niewielka zemsta, ale to im nie wystarcza.

Ojciec bił mnie codziennie. Ale z czasem stawałem się coraz silniejszy. Pewnego razu ojciec zaczął przy mnie bić matkę. Dostałem szału. Rzuciłem nim o ścianę. Chciałem go zabić, ale nie zrobiłem tego. Uciekłem z domu. I wiesz co? Nigdy więcej nie podniósł ręki ani na nią, ani na mnie. Jedyne, czego żałuję, to że nie wykorzystałem wtedy okazji i nie wykończyłem drania.

Szczęśliwe zakończenie? Raczej nie. Ten chłopak zgłosił się do mnie, ponieważ zdarza mu się uderzyć swoją dziewczynę. Nienawidzi siebie za to, ale nie potrafi z tym skończyć. Z przerażeniem myśli o posiadaniu dzieci. Boi się, że mógłby je krzywdzić. I rzeczywiście, jeżeli się nie zmieni, może się tak zdarzyć.

Na nieszczęście ofiary przemocy fizycznej, gdy dorastają, często same prześladują innych. Mówią sobie: „Przyszła moja kolej, do cholery. Kiedy byłem mały, dostawałem cięgi. Teraz jestem duży i mogę krzywdzić innych, tak jak ja sam byłem kiedyś krzywdzony". Stają się też zgorzkniałe, złe, pełne urazy i pretensji.

Być może jesteś ofiarą molestowania. Przez lata dusiłeś w sobie wściekłość. Teraz ona dochodzi do głosu. Jesteś pełen nienawiści. Nie wiesz, co zrobić z tym uczuciem, które niszczy twoje życie. Odpychasz od siebie ludzi, jakby cierpieli na jakąś straszną chorobę. Odpychasz każdego, kto w jakikolwiek sposób przypomina ci tamte straszne chwile – mężczyzna z wąsikiem, starszy pan, kobieta o donośnym głosie, mężczyzna, kobieta... Ty też chcesz zemsty, tylko że twoja złość przemieszana jest z lękiem. Nie wiesz, czy walczyć, czy też uciekać. Czasem robisz jednocześnie jedno i drugie.

Jeżeli twoja złość, choćby częściowo, jest wynikiem fizycznej lub seksualnej przemocy, musisz skonfrontować się ze swoją przeszłością. Nie próbuj sam sobie z tym radzić. Są ludzie, którzy mogą ci w tym pomóc. Wykorzystanie nie musi już być tajemnicą. Nie musisz się wstydzić. Pomoc, jaką otrzymasz, wpłynie również na twoje kłopoty ze złością.

Wstyd

Wstyd oznacza poczucie bycia nie w porządku – nie tylko z powodu tego, co robimy, ale jacy jesteśmy. Kiedy jestem zawstydzony, mam wrażenie, że coś jest ze mną nie tak i że nie mam na to żadnego wpływu. Osoby wstydzące się cały czas powtarzają sobie pięć następujących komunikatów:

1. „Jestem nic nie wart".
2. „Nie jestem dość dobry.
3. „Nie jestem wart miłości".
4. „Nie pasuję tu".
5. „Nie mam prawa istnieć".

Wraz z żoną wiele pisaliśmy o wstydzie[2]. Jeśli źle myślisz o sobie lub często powtarzasz sobie wymienione komunikaty, przeczytaj naszą lub inną książkę na ten temat.

---

[2] Zob. R. T. Potter-Efron, P. S. Potter-Efron, *Letting go of shame*, San Francisco: Harper & Row 1989.

Wstyd łączy się ze złością na trzy podstawowe sposoby. Po pierwsze, w przypadku niektórych osób złości zawsze towarzyszy uczucie zawstydzenia. Takie osoby zwykle unikają swojej złości, nawet jeżeli naprawdę mają powody, żeby się wściec, ponieważ jest to dla nich bardzo nieprzyjemne uczucie.

Po drugie, bardzo wstydliwi ludzie (którzy odczuwają o wiele za silny wstyd) często wiodą gorzkie, beznadziejne życie. Są przepełnieni złością. Nic, co robią, nie wydaje im się wystarczająco dobre. Nienawidzą samych siebie.

Po trzecie, osoby wstydzące się wyładowują się na innych. Właściwie wszystko, co ktoś powie lub zrobi, odbierają jako atak. Na przykład chcesz mnie łagodnie pouczyć, że zrobiłem literówkę. Ale ja biorę to do siebie: „Jak śmiesz mnie krytykować? Pewnie sądzisz, że jestem głupkiem? Dobrze, pokażę ci, kto tu jest prawdziwym matołem! To ty jesteś durniem, a nie ja". I tak dalej, i tak dalej. Ponieważ zawsze podejrzewam, że chcesz mnie zawstydzić lub ośmieszyć, atakuję pierwszy i to ja zawstydzam ciebie.

Złość i wstyd tworzą niebezpieczną mieszankę – wściekłość. Jeżeli wstyd powoduje, że często wpadasz we wściekłość, możesz potrzebować profesjonalnej pomocy. Musisz się nauczyć lubić i szanować samego siebie. To długa droga, ale warto ją przebyć.

Alkohol

Zostaw mnie i moje trunki w spokoju! Jasne, że się wściekam, jak sobie wypiję! Ale to nie twój cholerny interes! Mam problem ze złością, a nie z alkoholem.

No cóż, przepraszam, ale to jest wyparcie przez duże W – jak wycieczka na tamten świat. Jeśli masz problem ze złością, nie możemy pominąć alkoholu. Mało tego: lepiej przyjrzyjmy się uważnie wszystkim innym używkom.

Przede wszystkim, jeżeli jesteś alkoholikiem, nic nie zdziałasz ze złością, dopóki nie uporasz się z alkoholizmem. Za dużo czasu poświęcasz wyszukiwaniu kolejnych powodów do złoszczenia się, żeby potem usprawiedliwiać nią swoje pijaństwo.

Cholera, nie miałbym żadnych problemów z piciem, gdyby ci idioci zostawili mnie w końcu w spokoju. Kretyni. Na samą myśl o nich dostaję szału. Kelner, jeszcze jedno piwo proszę, byle szybko!

Nawiasem mówiąc, w wielu badaniach na temat złości i alkoholizmu stwierdzono, że te dwa problemy są praktycznie nierozerwalne. Ponad połowa osób leczonych z alkoholizmu boryka się też z poważnymi problemami ze złością, które nie znikają po udanym odwyku. To tak zwani trzeźwi alkoholicy. Takie osoby uporały się z problemem alkoholowym, ale zignorowały inne trudności, takie jak na przykład niekontrolowana złość.

W przypadku osób niebędących alkoholikami nadal istnieje ryzyko, że pod wpływem alkoholu staną się bardziej agresywne. Być może wykorzystują stan upojenia alkoholowego jako wymówkę do wyładowywania złości: „Tak, wiem, zachowałem się jak gnojek, ale byłem na bańce. Przecież wiesz, że tak naprawdę nie jestem taki". To całkowita bzdura. Jesteś odpowiedzialny za to, co wkładasz do ust, co wciągasz nosem czy co wstrzykujesz sobie w żyły – i za wszystko, co powiesz lub zrobisz pod wpływem tych świństw. Zawsze. Alkohol i narkotyki nie zwalniają z przestrzegania pewnych podstawowych zasad rządzących światem.

Ależ Ron, zupełnie opacznie to zrozumiałeś. Ja piję po to, żeby się wyciszyć. To jest mój sposób na odzyskanie spokoju ducha. Obawiam się, że mógłbym kogoś zabić, gdybym od czasu do czasu się nie napił.

Tak, niektórzy piją i zażywają narkotyki (zwłaszcza marihuanę), żeby uniknąć spotkania ze swoim gniewem. To czasami działa – na krótką metę. Potem wybuchają. Taki wzorzec działania określam jako „upchnij i wybuchnij". Upchnij swój gniew głęboko, głębiej, jeszcze głębiej. Narkotyki ci w tym pomogą. Nie pozwól sobie na konfrontację z rzeczywistością. Uciekaj przed nią, unikaj jej. Unikaj. Unikaj. I wybuuuchnij!!!

Narkotyki

Jeżeli masz problem ze złością, to nie ma bezpiecznego dla ciebie środka poprawiającego nastrój. Ani jednego.

- **Marihuana** – rozprawmy się ze wszystkimi mitami na ten temat: marihuana nie łagodzi obyczajów, nie powstrzymuje złości. Wyniki badań wskazują, że długotrwałe jej stosowanie daje wręcz przeciwne efekty – potęguje złość. To niebezpieczny narkotyk, zwłaszcza gdy dodatkowo masz skłonność do paranoi (objawy paranoi to zbytnia podejrzliwość, nieufność, przekonanie, że inni dążą do tego, żeby cię skrzywdzić). Jeden z najbardziej wściekłych ludzi, jakich znałem, wypalał dziennie słoik tego paskudztwa. Był naćpany niemal na okrągło i wściekły niemal na okrągło. Kiedy przestał palić marihuanę, jego problemy ze złością znacznie zmalały.

- **Kokaina** – równie dobrze możesz od razu zamówić sobie tabliczkę z napisem „Wściekły". Badania obejmujące analizę danych z telefonu zaufania dla osób uzależnionych od kokainy wykazały, że 99% rozmówców skarży się na uczucie niepokoju, rozdrażnienie i nadmierną podejrzliwość. U osób nałogowo biorących kokainę pogłębiają się dotychczasowe problemy ze złością.
- **PCP** (*angel dust* – anielski pył) – ten narkotyk pobudza agresję nawet u osób, które do tej pory nie wykazywały żadnych skłonności w tym kierunku. Jeżeli masz jakiekolwiek problemy ze złością, niech ci przez myśl nie przejdzie, że mógłbyś zażyć PCP. Jeżeli często się złościsz, nawet nie myśl o próbowaniu PCP.
- **Amfetamina** – tak, zafunduj sobie milutki odlot, jeżeli chcesz wylądować na oddziale psychiatrycznym z diagnozą schizofrenii paranoidalnej. Długotrwałe zażywanie amfetaminy wpływa na umysł, nasilając skłonność do agresji.
- **Środki uspokajające** – silnie wiążą się z przemocą i zachowaniami samobójczymi. Podobnie jak alkohol, rozluźniają hamulce.
- **Sterydy anaboliczne** – osoby stosujące te środki w celu rozbudowania masy mięśniowej często się złoszczą. Problem polega na tym, że choć otoczenie będzie mówiło ci, że się zmieniłeś, ty nie uwierzysz. Mało tego, to, co usłyszysz, strasznie cię wkurzy! Uważaj na sterydy w lekach na receptę.

- **Środki halucynogenne** (LSD, meskalina) – jeżeli masz choćby niewielkie skłonności do zachowań paranoidalnych lub jakiekolwiek inne problemy psychiczne, unikaj tych środków. Pamiętaj, że LSD potęguje wszystkie myśli i odczucia. Co będzie, jeżeli w czasie odlotu wpadniesz w złość?
- **Opiaty** (heroina) – po zażyciu heroiny będziesz prawdopodobnie zbyt naćpany, żeby się złościć, ale skąd weźmiesz na nią pieniądze? Tu właśnie zaczynają się problemy z przemocą.

Choroby fizyczne i problemy emocjonalne

Czas zadbać o zdrowie. Dlaczego? Ponieważ jest wiele problemów fizycznych i emocjonalnych, które mogą pogłębiać złość. Oto kilka przykładów.

- **Chroniczny ból** – ból w plecach, który nie daje chwili spokoju, uniemożliwia pracę, nie chce zniknąć. Starasz się zachować pogodę ducha, ale...
- **Uszkodzenia mózgu** – na skutek wypadków, bójek, chorób. Osłabiają sprawność umysłu, a picie wówczas alkoholu znacznie pogarsza sytuację.
- **Zaburzenia uwagi** – zarówno w dzieciństwie, jak i w wieku dorosłym. Zapalczywość i porywczość są typowymi objawami dorosłych.
- **Zespół napięcia przedmiesiączkowego** (PMS) – u niektórych kobiet wiąże się z irytacją i nasileniem agresji, co pogarsza i tak nie najlepszą sytuację kobiety mającej problem ze złością.

- **Depresja** – osoby w depresji często są rozdrażnione, przygnębione, ponure. Ich złość może być skierowana na innych, ale istnieje również ryzyko samobójstwa.
- **Stres pourazowy** (PTSD) – doświadczają go niektórzy weterani wojenni i osoby po traumatycznych przejściach. Nawracające obrazy bolesnych przeżyć sprawiają, że przeszłość miesza się z teraźniejszością.

To tylko kilka przykładów. Istnieje wiele innych dolegliwości zdrowotnych i emocjonalnych, które wzmacniają problemy ze złością. Jeżeli cierpisz na jakąkolwiek chorobę, zapytaj swojego lekarza, czy może ona potęgować twoje problemy z kontrolowaniem złości. Dowiedz się również, czy leki, które stosujesz, nie powodują określonych efektów ubocznych, na przykład uczucia niepokoju, które mogłyby pogłębiać twoje problemy.

Żyjemy w świecie pełnym złości

Współczesne społeczeństwa na wiele sposobów promują złość. Jesteśmy przygotowywani do współzawodnictwa. Inni ludzie są rywalami, którzy chcą nas pokonać i zniszczyć. Powtarza się nam w kółko, byśmy byli czujni i dobrze się pilnowali, ponieważ inni tylko czekają, żeby nas wykończyć. Nie wiadomo tylko, kim są owi „inni", wrogowie krążący wokół i czyhający na nas, ale są tam na pewno – co do tego nie ma wątpliwości.

Wygląda na to, że we współczesnym świecie jedynie zwycięzcy wzbudzają szacunek. Bardzo łatwo jest poczuć się przegranym – wściekłym i gotowym do walki. Nasila się przemoc. Budujemy coraz więcej więzień, ale nigdy nie jest ich dość, żeby zamknąć w nich wszystkich niebezpiecznych ludzi. W niektórych regionach zabijanie stało się niemal sportem. Dla niektórych ludzi jest rozrywką, sposobem na zabicie... nudy.

Każde pokolenie ma swoje wojny. Uczyliśmy się pogardzać Niemcami i Japończykami, potem komunistami, potem Irakijczykami. Kto będzie następny?

Wyszukujemy powody, dla których moglibyśmy nienawidzić sąsiadów, przypisując im moce piekielne. Czarni przeciwstawiani są białym, osoby heteroseksualne homoseksualnym, zwolennicy życia zwolennikom wyboru. Są od nas inni. Świetnie. Nadarza się okazja, żeby wyrzucić z siebie nagromadzoną latami złość, odreagować swoje frustracje bez chwili refleksji nad sobą.

Nie twierdzę, że to społeczeństwo sprawia, iż jesteśmy pełni złości, bo tak nie jest. Ale też w żaden sposób nie pomaga nam się z nią uporać. „Prawdziwi" mężczyźni i twarde kobiety ze wszystkich stron są zachęcani do odczuwania złości i bycia wściekłymi.

Wynika z tego bardzo praktyczna wskazówka: jeżeli chcesz zredukować poziom odczuwanej złości, unikaj ludzi przepojonych złością. Nie szukaj ochłody we wnętrzu wulkanu. Wybierz kilka spokojnych i zrównoważonych osób i spotykaj się z nimi. Może czegoś się od nich nauczysz. Na pewno one nie będą cię zachęcały do zachowań nacechowanych złością.

Podsumowanie

Nie stajesz się złośnikiem w ciągu jednej nocy. Na to potrzeba czasu. Być może pochodzisz z rodziny, w której panowała złość. Jeżeli tak, to musisz przestać traktować złoszczenie się jako coś normalnego. Słuchaj, co mówią inni, gdy nie są zdenerwowani czy wściekli. Kiedy zrozumiesz, że złość jest świetnym sygnalizatorem kłopotów, ale beznadziejnym ich rozwiązaniem, poszukasz nowych, lepszych sposobów radzenia sobie z problemami.

Żeby odzyskać nadzieję, musisz skonfrontować się z bolesnymi doświadczeniami przemocy fizycznej czy seksualnej oraz nauczyć się oddzielać teraźniejszość od przeszłości.

Alkohol i narkotyki są w twoim przypadku wykluczone. Nie możesz pozwolić im wpływać na siebie, skoro i bez nich tracisz kontrolę nad swoim życiem.

Musisz zrobić badania – potrzebujesz medycznej oceny twojej kondycji fizycznej i emocjonalnej. Wiele chorób bowiem utrudnia walkę ze złością.

Uważaj, z jakimi ludźmi się zadajesz. Trzymaj się osób o normalnym nasileniu złości. Unikaj tych mających z nią problemy, jak ty. Bez względu na to, kto ci to wmawia, nie daj się przekonać, że powinieneś się złościć, bo dobrze jest się wściekać.

Wskazałem ci kilka odpowiedzi na pytanie o to, dlaczego nie potrafisz zapanować nad złością. Ten rozdział pomógł ci zrozumieć, jak wpakowałeś się w kłopoty. Pamiętaj jednak, że to twoje kłopoty i jedynie ty możesz się z nimi uporać.

Zajmijmy się teraz teraźniejszością. Co powoduje, że nie możesz przestać się złościć?

Rozdział **3**

Dlaczego nie mogę przestać? Sześć głównych przyczyn życia w złości

Dlaczego ciągle się złościsz? Co podsyca twoją wściekłość?

Przeszłość minęła. Minęła i nie wróci. Nieważne, z jakiego powodu stałeś się złościoholikiem – już tego nie zmienisz. Najlepiej, gdybyś po prostu to zaakceptował. Prawdziwa akceptacja oznacza porzucenie wszelkiej nadziei na to, że możesz zmienić przeszłość.

Ważne jest pytanie o to, co tobą kieruje. Co powoduje, że bez przerwy się złościsz? Pozwól sobie na szczerość: złość do czegoś ci służy. Stosujesz ją w jakimś określonym celu. Gdyby było inaczej, już dawno pozwoliłbyś jej odejść. Co zatem powoduje, że żyjesz w złości? Wpływa na to jedna lub więcej z następujących rzeczy:

- żądza władzy i kontroli;
- odrzucanie odpowiedzialności;
- słabe umiejętności komunikacyjne;
- unikanie innych uczuć lub ludzi;
- przyzwyczajenie;
- gorączka złości.

Żądza władzy i kontroli

„Chcę, czego chcę, i chcę tego natychmiast!" – władza i kontrola to rzeczywisty powód złości większości ludzi. Jeżeli wściekne się wystarczająco mocno, mogę zmusić cię do zrobienia tego, czego chcę.

Kto, ja? Wcale nie chcę władzy ani kontroli. To nie dlatego wpadam w szał. To przez nich. Próbują mówić mi, co mam robić. To oni chcą władzy.

Bzdura. To ty chcesz o wszystkim decydować, tak jak inni ludzie i tak jak ja. Każdy chce kontrolować innych. Gdyby tylko było to możliwe, wszystkim mówilibyśmy, co mają robić.

Władza absolutna. Możliwość narzucenia swojej woli. Wszyscy pragną władzy – na pewno nie jesteś wyjątkiem. Złościoholicy są maniakami władzy. Chcą jej i zdobywają ją, złoszcząc się. Krzyczą, straszą, obrzucają obelgami, biją – to nieprzyjemne, ale skuteczne. W każdym razie skutkowało do tej pory.

Problem polega na tym, że złość jest brutalną bronią. Owszem, dzięki niej udaje się na chwilę przejąć kontrolę nad sytuacją, ale nie całkowitą i nie na długo. Przypuśćmy, że trzymam pistolet przy twojej skroni. Zapewne zrobiłbyś wszystko, czego bym zażądał. Ale co by się stało, gdybym się odwrócił lub zasnął? Uciekłbyś albo chwycił broń i mnie zastrzelił.

Na tym właśnie polega kłopot z kontrolowaniem innych za pomocą złości: jest to rozwiązanie tymczasowe i kosztowne. Nie działa na długo, a przy okazji możesz stracić przyjaciół, rodzinę, dobre samopoczucie.

Furiaci i terroryści

Jesteś terrorystą, ponieważ starasz się podporządkować sobie innych za pomocą strachu. Wiem, że brzmi to okropnie, ale taka jest prawda. Każdy, kto wykorzystuje złość i wściekłość, żeby zastraszyć innych, jest terrorystą.

Ludzie uzależnieni od złości używają siły, próbując zmusić innych do wypełniania ich woli. Oto gniewny komunikat: „Zrób to, bo jak nie, ...! Jestem większy [głośniejszy, podlejszy, bardziej wściekły] od ciebie. Mogę cię zmusić, do czego zechcę. I lepiej nie próbuj mnie powstrzymać, bo rozzłoszczę się jeszcze bardziej".

Wydaje ci się to dziecinne? No cóż, takie właśnie jest. Niektórzy złościoholicy nie wydorośleli. Podobnie jak małe dzieci, wpadają we wściekłość, kiedy nie dostają tego, czego chcą. Wrzeszczą. Kopią. Biją. Dąsają się. Płaczą. „Ja chcę, chcę, chcę! Daj mi to!".

Czy już nie najwyższy czas nauczyć się kilku lepszych sposobów wpływania na ludzi? Zamiast wrzeszczeć, spróbuj spokojnie porozmawiać. Zamiast zastraszać, poszukaj kompromisu. Wysłuchaj, zamiast pouczać.

Odrzucanie odpowiedzialności

To wszystko ich wina, prawda? Sprawy wyglądałyby zupełnie inaczej – wprost idealnie – gdyby nie ci wszyscy durnie, którzy doprowadzają cię do szału. „Chyba przez ciebie oszaleję. Ten cały bajzel to twoja wina" – jest to najczęstsza wymówka, jaką zdarza mi się słyszeć. Oto mantra złościoholików: „Chyba przez ciebie oszaleję". Obwinianie innych jest sposobem na uniknięcie odpowiedzialności za swoje decyzje i działania.

Oto przykład. Ewa to trzydziestoletnia księgowa i gospodyni domowa z zaburzeniami jedzenia i historią alkoholizmu (teraz już nie pije). Co najmniej dwa, trzy razy dziennie wścieka się na męża, dzieci, szefa lub przyjaciół. O co im chodzi? Dlaczego każdy z tych idiotów stara się mówić jej, co ma robić? Do tego są takimi niewdzięcznikami. I krętaczami. Przez cały czas chcą ją wykorzystać. Nie doceniają tych wszystkich wspaniałych rzeczy, które dla nich robi. I tak dalej, i tym podobne.

Ewa czuje się męczennicą. Uważa, że poświęca swoje życie, aby sprawić przyjemność innym. Ale jaki ma wybór (tak sobie mówi)? Ojciec wykorzystywał ją seksualnie. Matka była podła. Siostra była pupilką całej rodziny (ta mała podstępna zołza), brat zbierał wszystkie pochwały. Ewie zaś nikt nie poświęcał czasu, nikt nie obdarzał jej miłością.

Sam widzisz, że to wszystko „ich" wina. Biedna Ewa nie miała wyboru. Uważa, że ma pełne prawo być wściekła po tym wszystkim, co ją spotkało. Skrzywdzili ją i teraz za to zapłacą. Tak, jest nieszczęśliwa. Oczywiście, że jest samotna. I zmęczona z powodu życia w ciągłej złości. Ale cóż może zrobić? Doprowadzana do pasji, cały czas źle traktowana po prostu musi być wściekła tak długo, jak długo „oni" się nie zmienią.

Ewa nie bierze odpowiedzialności za swoje życie. Łatwiej jej obwiniać innych. To oni muszą się zmienić, ona może tylko biernie czekać.

Gdzie tkwi błąd? To proste. Nie zmienisz się, jeżeli nie weźmiesz odpowiedzialności za własne czyny. Obwinianie innych to gwarancja niepowodzenia. Jedyny sposób na to, żeby coś zmienić, to przestać wskazywać na innych. Nikt poza tobą nie kieruje twoim życiem.

Może pamiętasz słynne zdanie z historyjki obrazkowej *Pogo*: „Spotkaliśmy wroga, to my nim jesteśmy". Wrogiem jest uciekanie przed odpowiedzialnością.

To ja doprowadzam się do szału, a nie ty mnie denerwujesz. Jeżeli spóźniasz się pół godziny i do tego czasu jestem już purpurowy z wściekłości, to sam jestem przyczyną tej złości. Jeżeli siedzę i gotuję się z wściekłości na coś, co powiedziałeś lub zrobiłeś, to ja mam problem, a nie ty. Jeżeli jestem przekonany, że chcesz mnie porzucić, i dostaję z tego powodu obłędu, jest to tylko moja sprawa.

Musisz wziąć odpowiedzialność za własne czyny. To jedyny sposób, żeby się zmienić. Jeżeli doprowadzasz się do szału, to tylko ty możesz coś na to poradzić. Nie musisz z tym czekać na innych.

Słabe umiejętności komunikacyjne

Między Moniką a Bartkiem powstała różnica zdań. Ona chciałaby w weekend odwiedzić swoich rodziców, a on chce zostać w domu. Rozmowa rozpoczęła się spokojnie, ale po minucie czy dwóch Bartek rozpoczyna mieć problemy. Nie potrafi powiedzieć, o co mu chodzi. Nie może znaleźć odpowiednich słów. Nic z tego, co mówi, nie jest zrozumiałe.

Chłopak czuje się zbity z tropu. To właśnie w takich momentach wpada w złość. Bełkocze, mamrocze, pokrzykuje. Wybiega z domu. Zrzędzi, dąsa się, wraca i nadal nie wie, jak powiedzieć, o co mu chodzi. Jest kiepskim mówcą. Nigdy nie opanował podstawowych umiejętności porozumiewania się. Nie jest też dobrym słuchaczem. Nie potrafi się podzielić swoimi uczuciami. Ma kłopoty z ekspresją potrzeb i pragnień. Taka sytuacja jest dla niego frustrująca i doprowadza do tego, że Bartek wścieka się na siebie i na innych.

Czy zachowujesz się podobnie? Jeżeli tak, to potrzebujesz pomocy, żeby nauczyć się lepiej słuchać i rozmawiać. W dalszej części książki będę wracał do tej kwestii, na przykład opiszę, na czym polegają wypowiedzi typu „ja". Możliwe jednak, że potrzebne ci będą dodatkowe wiadomości z tej dziedziny, które znajdziesz w odpowiednich książkach lub na szkoleniach poświęconych temu problemowi.

Unikanie innych uczuć lub ludzi

Złość może być przykrywką dla innych uczuć. Jest tak silna i głośna, że uniemożliwia odczuwanie czegokolwiek poza nią.

Nastoletni syn pożyczył twój samochód. Miał wrócić do domu przed północą. Obudziłeś się o drugiej nad ranem, a jego nie ma. Natychmiast wpadasz we wściekłość: „Gdzie jest ten durny dzieciak?! Czemu jeszcze go nie ma?! Już ja się z nim policzę, kiedy wróci do domu! Jak on śmie robić mi coś takiego!". Twoja żona też wstała. Nie wygląda jednak na rozzłoszczoną. Jest raczej zaniepokojona. Chciałaby porozmawiać z tobą o swoich obawach, ale tego nie robi. Przecież jedyną twoją reakcją byłby wybuch gniewu. Swoją złość skierowałbyś przeciwko niej.

Czy nie jesteś ani trochę zaniepokojony? Przecież syn zwykle jest słowny. Może coś mu się stało, może miał wypadek?

Osoby uzależnione od złości zachowują się tak, jakby złość była jedynym dozwolonym uczuciem. Zamartwianie się jest niedozwolone. Myślisz, że jestem mięczakiem? Smutek, płacz – zakazane. Są takie rozlazłe. Radość i szczęście – surowo wzbronione. Życie jest twarde, z nikim się nie cacka, nie chcę się rozklejać. Żadnego wstydu czy poczucia winy –

to babskie fochy, poza tym nie mam czasu, jestem zbyt zajęty obwinianiem innych. Pozostaje tylko złość. To jedyne uczucie, z którym ja, złościoholik, potrafię się uporać.

Co się dzieje, kiedy osoba złoszcząca się nałogowo zaczyna odczuwać jedno z zakazanych uczuć? Musi działać szybko – przekształcić je w złość, zanim ktokolwiek zauważy, że potrafi odczuwać coś innego. Musisz uważać, żeby nie natknąć się na któreś z tych niebezpiecznych uczuć, gdyż mógłbyś się nieźle przestraszyć.

Brzmi to niedorzecznie, ale dla złościoholika złość jest jedynym bezpiecznym uczuciem. To kolejny powód wyjaśniający, dlaczego tak trudno z niej zrezygnować.

Czy jesteś gotów zajrzeć w głąb siebie i dotrzeć do skrytych uczuć, aby być w pełni człowiekiem? Jeżeli nie, to bądź konsekwentny, bo postępujesz słusznie. Trwaj w złości – wówczas nigdy nie będziesz musiał stawiać czoła smutkom i radościom prawdziwego życia.

Złość może przykrywać coś jeszcze – pragnienie bliskości, miłości. Złościoholik myśli w następujący sposób:

Chcę być kochany, ale jednocześnie myśl o tym mnie przeraża. Czuję się bezbronny. Jeżeli pozwolę sobie na miłość, odkryję się przed tobą, a wtedy łatwo możesz mnie zranić. Lepiej się zabezpieczę, będę cię trzymać na dystans. Ale jak to osiągnąć?

Ależ to proste – za pomocą złości. Wynajdę tysiąc powodów, żeby z tobą walczyć. Odepchnę cię. Żegnaj, okrutny kochanku. Odejdź. Nienawidzę cię.

Czekaj! Tak naprawdę to nie chciałem, żebyś odszedł. Chcę, żebyś został. Ale boję się dopuścić cię bliżej. To dlatego tak się miotam. Ale nie zostawisz mnie, prawda? Wiesz przecież, że cię kocham. Proszę, postaraj się zrozumieć. Mówię „Idź do diabła", ale to tylko taka poza.

Czy naprawdę wierzysz, że ktoś wytrzyma to na dłuższą metę i zostanie z tobą? Bądźmy szczerzy: sposobem na zatrzymanie ukochanej osoby jest otaczanie jej miłością. Jeżeli nieustannie tylko się pieklisz, twój partner prawdopodobnie odejdzie od ciebie.

Partnerzy osób mających problem ze złością często mówią mi, że dłużej nie mogą tak żyć. Wiedzą, że są naprawdę kochani. Wiedzą, że złość jest tylko obroną przed bliskością. Ale nie mogą już dłużej czekać. Są wykończeni i mają dość ciągłych ataków i obelg.

Jeżeli kogoś kochasz, okazuj mu to. Odpuść sobie na chwilę gniewanie się. Owszem, możesz zostać zraniony. Może nawet zdradzony lub porzucony. Ale szczerze mówiąc, szanse na zranienie lub porzucenie są znacznie większe teraz, kiedy zachowujesz się jak palant.

Przyzwyczajenie

Naturalna moc przyzwyczajenia jest kolejnym z głównych powodów życia w złości.

Słońce wschodzi każdego ranka. Moja złość tak samo.
Jem trzy posiłki dziennie. Mam dwa napady złości.
Co noc śpię osiem godzin. Moje sny są pełne złości.
Pracuję pięć dni w tygodniu. Wściekam się przez siedem.

Nawyki to zachowania odruchowe. To oznacza, że nie musimy myśleć o tym, co właśnie robimy – po prostu to robimy. Z nawykami jest tak, jak z zawiązywaniem sznurowadeł. Odkąd skończyłem osiem lat, nie zastanawiałem się, jak je wiązać. Gdybym teraz zaczął o tym myśleć, prawdopodobnie wszystko by mi się poplątało.

Nawyki są skuteczne, dlatego właśnie są tak cenne. Dzięki nim nad wieloma sprawami nie musimy się zastanawiać. Co się jednak dzieje, kiedy rozwiniemy w sobie szkodliwy nawyk? Bardzo trudno go potem zmienić, właśnie dlatego, że nie poprzedzamy działania myśleniem.

Złość jest okropnym nawykiem. Wściekasz się na okrągło, nawet o tym nie myśląc, nie dokonując żadnych świadomych wyborów. Wyobraź sobie, że siedząc w samolocie, słyszysz oświadczenie pilota:

Panie i panowie, witam na pokładzie. Dobra wiadomość na dzisiaj: leciałem tą trasą już ponad pięćset razy. Znam ją na pamięć, właściwie mógłbym lecieć z zamkniętymi oczami. Właśnie to planuję dzisiaj zrobić: dwa tysiące kilometrów automatycznego lotu, cały czas z zamkniętymi oczami. Jestem przekonany, że czeka nas przemiła podróż.

Taka wiadomość z pewnością przyciągnęłaby twoją uwagę. Osoby uzależnione od złości idą przez życie z następującym przesłaniem:

Uwaga, panie i panowie. Chciałbym zawiadomić, że już wiele lat temu dowiedziałem się o życiu wszystkiego. Uczyłem się złościć na okrągło, a że byłem pojętnym uczniem, stałem się w tej dziedzinie ekspertem. Teraz oczywiście złoszczę się odruchowo. Potrafię się wściec niemal z każdego powodu. Bez chwili zastanowienia. Idę przez życie z zamkniętymi oczami. Na szczęście moja złość jest automatyczna. Życie jest dzięki temu o wiele prostsze.

Dla złościoholików złość jest czymś zupełnie naturalnym, znajomym, jest częścią codziennej rutyny. Jednocześnie tracą oni umiejętność zachowywania się adekwatnie do sytuacji. Nie potrafią reagować różnie w różnych okolicznościach – za każdym razem uruchamiają tylko swoją złość. Ich kluczowe zdanie to: „Oczywiście, że jestem wściekły".

Ale w kontekście złości nie istnieje żadne „oczywiście". Nie ma szablonowych powodów do złoszczenia się.

Bardzo trudno jest pozbyć się nawyku złoszczenia. Przede wszystkim musisz się nauczyć opóźniać cały proces. Niczego nie przesądzaj z góry. Zanim podejmiesz jakiekolwiek działanie, dobrze się zastanów. Nie rób niczego pochopnie, bez rozważenia wszystkich aspektów sprawy. Jeżeli zauważysz, że wpadasz w złość, wstrzymaj się. Zapytaj siebie, czy masz do tego wystarczająco ważny powód – i ma to być naprawdę ważny powód. Upewnij się, czy na pewno nie jest to kolejna nawykowa reakcja. Jeśli się okaże, że tak, przerwij w momencie, do którego doszedłeś, i po prostu zajmij się czymś innym.

Gorączka złości

Helena miała problemy niemal przez całe życie. Spotykałem się z nią, żeby pomóc jej uważnie przyjrzeć się jej napadom złości. Helena opowiedziała mi o sprzeczce ze swoim chłopakiem.

Tak się na niego wściekła, że uderzyła go w oko. W odpowiedzi on uderzył ją. Kłótnia omal nie skończyła się rozstaniem. Kiedy kobieta rozmawiała ze mną, wciąż jeszcze czuła ból tamtego ciosu. Dlaczego więc, opowiadając mi tę historię, Helena się uśmiechała? Niezbyt szeroko, ale jednak. Zapytałem ją o to.

Ron, wyznam ci sekret. Złość mnie ożywia. Ten nagły przypływ adrenaliny. W takiej chwili czuję, że żyję.

I ja wyznam ci sekret: gorączka złości jest przyczyną złoszczenia się w przypadku bardzo wielu osób.

Craig Nakken w książce *The addictive personality* (Osobowość nałogowca) twierdzi, że jeśli chodzi o nałóg, to najważniejsze są dwie rzeczy. Po pierwsze, możesz się uzależnić nie tylko od substancji chemicznych, takich jak alkohol czy narkotyki, ale także od pewnych zdarzeń, na przykład od kłótni. Głównym sygnalizatorem uzależnienia jest fakt, że miłość i zaufanie do rzeczy cię uzależniającej są większe niż do czegokolwiek innego. Niektórzy złościoholicy nauczyli się w taki właśnie sposób kochać złość i jej ufać. Gniew jest sprawdzonym uczuciem. Jeśli chcesz odlecieć, zawsze możesz na niego liczyć.

Po drugie, osoby uzależnione zastępują intymność intensywnością. Oznacza to, że nie dążą do bliskich, bezpiecznych związków, które są dla nich zbyt monotonne. Pragną tylko intensywnych przeżyć. Intensywna złość jest ekscytująca. W czasie kłótni i pyskówek krew krąży szybciej, czujesz, że żyjesz. Kiedy przestajesz się awanturować, stajesz się przygnębiony, znudzony, ospały.

Nikt nie wspomina o gorączce złości. Jest to jedna z lepiej strzeżonych tajemnic. Ale gorączka złości istnieje i występuje zarówno u mężczyzn, jak i u kobiet.

Nie, Ron, nie w moim przypadku. Ja się tak nie zachowuję. Złość sprawia, że czuję się okropnie. Kiedy się wściekam, nie jest mi ani trochę przyjemnie.

W porządku, wierzę ci. Ale nie o to tu chodzi. Gdy masz gorączkę złości, możesz czuć się dobrze lub źle. Tak czy inaczej, jest to intensywne uczucie, przemożne, głębokie doznanie. I o to właśnie chodzi.

Czy spotkałeś się z określeniem „ekscytująca udręka"? Takie właśnie jest życie wielu ludzi uzależnionych od złości – emocje w parze z udręką.

Wierzę, że wiele osób trwa w złości, ponieważ nie chce zrezygnować z towarzyszących jej intensywnych odczuć. Latami można je uczyć technik komunikowania się, ale osoby te i tak nie będą z nich korzystać. Pozostają uzależnione od złości z powodu towarzyszącego jej podniecenia.

Niektórzy złościoholicy są uczuciowymi wrakami. Są całkowicie uzależnieni emocjonalnie od swojej złości. Mogą twierdzić, że wcale nie czują się z tym dobrze (i może tak być w istocie), ale złość jest im po prostu potrzebna. Właśnie dlatego tak trudno im się od niej wyzwolić.

Co takiego jest w gorączce złości, że można się od niej uzależnić? Sądzę, iż chodzi o towarzyszące jej intensywne poczucie, że żyjesz. Co pozostanie, jeżeli zrezygnujesz z tego uczucia? Nuda, niepokój, pustka. Przygnębiające i bezbarwne życie. Depresja. I co wtedy? Szybko wrócisz do starych schematów, żeby znowu poczuć, jak krew pulsuje ci w żyłach?!

To jest sedno problemu: chcesz czuć się dobrze. Chcesz czuć energię, siłę, podniecenie. Po prostu chcesz czuć cokolwiek. W przeciwnym wypadku pojawiają się nuda i przygnębienie. Ale dotąd, żeby coś odczuwać, polegałeś wyłącznie na swojej złości. Stałeś się emocjonalnie zależny od niej. Najwyższy czas to zmienić.

Każdy początek to jednocześnie koniec czegoś. Rezygnujemy z jednej rzeczy, aby dostać inną. To samo dotyczy złości. Musisz pożegnać się ze swoją wściekłością. Z gorączką. Z emocjonalnym uzależnieniem. Nie ma dla nich miejsca w twoim życiu.

Nie zmienisz swojego życia dopóty, dopóki nie postanowisz, że przestaniesz szukać gorączki złości. Czy jesteś na to gotowy? Czy wyobrażasz sobie, jak będzie wyglądało twoje życie bez tych momentów wielkiej intensywności?

W porządku, Ron. Zrobię to. Zrezygnuję z gorączki złości. Ale czym mogę ją zastąpić? Chcę żyć pełnią życia. Nie mam zamiaru skończyć ze złością i umrzeć. Co mogę mieć w zamian?

Będę z tobą szczery: nie jestem w stanie zaproponować ci niczego, co w pełni zastąpiłoby gorączkę złości. Tak intensywne przeżycia nie zdarzają się w normalnym życiu. To samo dotyczy odlotów po narkotykach, seksualnej ekscytacji seksoholika, a nawet odczuć bulimiczki zwracającej pożywienie. W normalnym życiu nie ma miejsca na tak ekstremalne przeżycia.

Ale oferuję ci coś całkowicie odmiennego i lepszego – zupełnie nowy sposób życia. To jak zamiana starego roweru na nowiutki samochód. Możesz osiągnąć spokój umysłu, szczęście, harmonię w związku, możesz odczuwać wiele normalnych uczuć w zamian za rezygnację ze złoszczenia się. Taka jest moja propozycja. Wymień swój stary rower na nowoczesne auto, które zawiezie cię o wiele dalej.

Podsumowanie

W tym rozdziale przestudiowaliśmy sześć głównych powodów, dla których ludzie żyją w złości. Są to: żądza władzy i kontroli, odrzucanie odpowiedzialności za własne życie, słabe umiejętności komunikacyjne, unikanie innych uczuć i ludzi, przyzwyczajenie oraz gorączka złości.

Przyjrzyj się uważnie tym sześciu przyczynom. Które z nich obserwujesz u siebie? A może znasz jeszcze inne? To możliwe, gdyż opisałem tylko te najczęściej spotykane.

Co dalej? Teraz musisz zająć się wymienionymi przeze mnie powodami. Zdecyduj, który jest najważniejszy w twoim przypadku. Możesz poprosić kogoś, by pomógł ci wybrać ten najważniejszy powód. A potem zabieraj się do pracy. Nie możesz po prostu siedzieć i czekać, aż życie samo się ułoży. Zacznij wprowadzać proponowane przeze mnie w tym rozdziale zmiany, a natychmiast zauważysz ich korzystny wpływ.

Nie przerywaj jednak czytania tej książki. Pozostało jeszcze wiele spraw do omówienia.

Rozdział 4

Drabina złości i przemocy

Ludzie uzależnieni od złości to bardzo ambitni zawodnicy. Codziennie trenują: pomrukują, burczą, warczą na innych, wykrzykują słowa dezaprobaty, uciekają od rzeczywistych problemów. Ich ulubioną dyscypliną sportową jest wspinaczka po drabinie (zob. rycina 2).

Spróbujmy razem wejść na tę drabinę. Jestem pewien, że już nieraz pokonywałeś tę trasę, ale tym razem zrobimy to na tyle wolno, żeby uważnie obserwować każdy krok.

Pierwszy stopień: podstępna złość

Bardzo łatwo jest wejść na pierwszy szczebel drabiny. Nie musisz nawet nikomu wspominać o tym, że jesteś zły. Podstępna złość ma na celu całkowite wyprowadzenie kogoś z równowagi. Oto jeden ze sposobów: wystarczy, że zapomnisz, o co zostałeś poproszony.

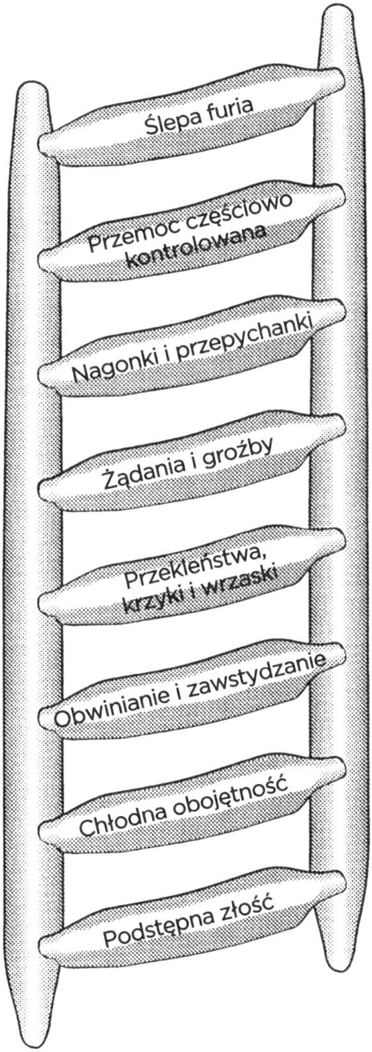

Rycina 2. Drabina złości i przemocy

Źródło: opracowanie własne.

O rety, Robercie, masz rację. Przecież miałam wpłacić pieniądze do banku. Znowu przekroczymy termin wpłaty. Strasznie mi przykro.

Przykro? Niemożliwe. Już trzeci raz w tym miesiącu Helenie uleciało z pamięci coś naprawdę ważnego. Za każdym razem było to w czasie, gdy kobieta była o coś skrycie zła na Roberta, ale nawet mu o tym nie wspomniała. Zamiast tego znalazła podstępny sposób, żeby go ukarać.

A co powiesz na starą, sprawdzoną metodę „tak, ale...”?

Wojtek: *Wiem, że strzyżenie trawników to mój obowiązek w tym tygodniu, ale w kosiarce nie ma już paliwa.*
Magda: *Przywiozę ci benzynę. Wtedy będziesz mógł skosić trawę.*
Wojtek: *No tak, ale nie możemy sobie dziś pozwolić na wyprawę do miasta.*
Magda: *O, popatrz, w kanistrze jest jeszcze trochę benzyny. Teraz spokojnie możesz zabrać się do roboty.*
Wojtek: *Niby tak, ale słońce właśnie zaczęło mocniej grzać i trawa będzie zbyt sucha.*

Tak, ale..., tak, ale..., tak, ale..., a w rzeczywistości znaczy to: nie, nie, nie. To kolejna forma podstępnej złości.

Udawanie głupiego

Henryk uczy mechaniki w technikum. Spróbuj go zapytać, kiedy zamierza wziąć dzieci na weekend. „Rety, nie wiem. Trudno jest zaplanować takie przedsięwzięcie. Nigdy nie udaje mi się żyć według planu”. Ani razu jednak się nie zdarzyło, by opuścił zajęcia w szkole. Oto prawdziwe wyjaśnienie:

Anno, rozwiodłaś się ze mną. Teraz mam zamiar ci za to odpłacić. Będę się zachowywał okropnie i doprowadzał cię tym do szału. Będę odgrywał się na tobie, co tydzień udając głupiego. To nawet mi się podoba.

Zapominanie

Och, Franciszku, czy nie wspominałam ci, że w sobotę idę do kasyna? Jaka ze mnie gapa! Przecież ominie mnie twoje przyjęcie. Tak mi przykro.

I znowu ten okropny zwrot „przykro mi". Dlaczego ludzie mówią, że im przykro, kiedy w rzeczywistości czują złość? Dlatego, żeby nikt nie mógł mieć do nich pretensji. Gdyby Franciszek się rozzłościł, Beata mogłaby wyjść na pokrzywdzoną.

Franciszku, nie rozumiem, o co ci chodzi. Czemu jesteś na mnie zły? Przecież nie zrobiłam nic złego.

Jest to strategia podstępnej złości: zachowujesz się jak niewiniątko, krzyżując komuś plany. Nie chodzi o to, co robisz. Chodzi o to, czego nie robisz. W ten właśnie sposób okazujesz swoją złość. Pewne sprawy ci umykają. Innych nie udaje ci się doprowadzić do końca. A najgorzej wyglądają te, w których inni liczą na ciebie. Może w końcu dadzą ci spokój?

Marudzenie

Kolejną popularną formę podstępnej złości stanowią utyskiwanie, skargi, pomruki niezadowolenia, gderanie pod nosem.

– Co powiedziałeś, Tomku?
– Nic, nic. Hmm, hmm, prych, prych, zrzęd, zrzęd.
– Coś nie tak, Tomku?
– Przecież powiedziałem, że wszystko w porządku. Grrrrrrrrrrr, chrrrrrm.

Głos Tomka brzmi jak odległy grzmot. Ale oczywiście wszystko jest w porządku…

Podstępna złość to dopiero pierwszy szczebel drabiny. Do pokonania zostało nam jeszcze siedem.

Drugi stopień: chłodna obojętność

Jestem na ciebie wściekły i nie mam zamiaru o tym rozmawiać. Tak, to cię nauczy rozumu.

Ignorowanie innych jest nieco bardziej jednoznacznym sposobem okazywania złości niż podstępna złość. Ignorowane osoby przynajmniej wiedzą, że jesteś zły. Bardzo możliwe jednak, że nie domyślają się nawet dlaczego. Będą więc musiały zgadywać. Ty przecież im tego nie powiesz! Ignorowanie to rodzaj kary. Jesteś wściekły i chcesz komuś dokuczyć.

To starożytna sztuka uników. Hektor złamał zasady, gdyż modlił się o deszcz we wtorek, a przecież nikt nie modli się o deszcz przed środą, bo to może obrazić bogów. Trzeba więc wypędzić Hektora z wioski. Jeżeli będzie próbował wrócić, nikt nie odezwie się do niego ani słowem. Niech ma za swoje.

Czy nie brzmi to niemądrze? A co powiesz o tym: Robert złamał zasady, gdyż jego dziewczyna zaszła z nim w ciążę. Teraz muszą się pobrać.

Nie wybieram się na ten ślub. Nie odezwę się do niego ani słowem. Nie spojrzę na jego dziecko. Przestał dla mnie istnieć.

Dla niektórych złościoholików milczenie jest rodzajem broni. Środkiem, którego używają, aby okazać innym swoją dezaprobatę. Ale bądźmy szczerzy: okazywanie chłodnej obojętności to dość ubogi sposób przekazywania informacji. Postępując tak, nigdy nie rozwiążesz swoich problemów.

Być może w danym momencie jesteś zbyt zdenerwowany, żeby spokojnie rozmawiać. Obawiasz się, że stracisz panowanie nad sobą. W porządku, daj sobie chwilę na uspokojenie (zob. rozdział 6). To nie to samo, co karanie kogoś milczeniem. Tak czy inaczej, będziesz musiał nauczyć się rozmawiać wtedy, kiedy opanowuje cię złość.

Trzeci stopień: obwinianie i zawstydzanie

Jest to bardziej bezpośrednia forma złości. Przekazuje następujący komunikat:

Coś jest z tobą nie w porządku. Wiem to. Mam zamiar ci o tym powiedzieć. Ponieważ jestem na ciebie zły, chcę sprawić, żebyś i ty poczuł się źle.

Osoby uzależnione od złości często obwiniają innych o swoje niepowodzenia. „Przez ciebie boli mnie głowa". „Przez ciebie tak się rozzłościłam". „To wszystko twoja wina". Przez ciebie, przez ciebie, przez ciebie… To twoja wina, więc moje pretensje do ciebie są jak najbardziej uzasadnione. Najlepiej od razu porozmawiajmy przez kilka godzin o brakach twojego charakteru. Jesteś leniwy. Jesteś tłusty. Jesteś głupi. Jesteś za cwany, nawet jak dla samego siebie. Jesteś tchórzem. Jesteś nikim. Nie potrafisz zarobić na siebie. Pracujesz o wiele za ciężko.

W książce *Letting go of shame* (Porzucić wstyd) omawiam wraz z żoną pięć zawstydzających przekazów. Komunikują one innym ludziom, że są do niczego. Informują, że coś jest nie tak; zwykle jest to coś, z czym dana osoba nie jest w stanie sama się uporać. Oto wspomniane przekazy:

- „Jesteś nic niewart";
- „Nie jesteś dość dobry";
- „Nie jesteś wart miłości";
- „Nie pasujesz tu";
- „Nie masz prawa istnieć".

Wymienione komunikaty brzmią przerażająco, nawet wypowiedziane szeptem. Kim jesteś, żeby osądzać innych? Obwinianie i zawstydzanie jest podłe. Sprawia, że inni ludzie czują się fatalnie. Zapytasz pewnie: „I co z tego?".

Czemu miałoby mnie to powstrzymać? Jestem wściekły na Jolkę. Chcę, żeby poczuła się naprawdę beznadziejnie, i właśnie dlatego nazwałem ją flądrą i dziwką. Bardzo dobrze wiem, co robię. I to przynosi efekty. Potrafię doprowadzić ją do płaczu, kiedy tylko zechcę.

Świetnie! Tylko kiedy Jola już się wypłacze, zrewanżuje ci się, nazywając cię życiowym nieudacznikiem – trafi w twój czuły punkt. Potem będzie wściekła i urażona przez cały tydzień. Twój syn, który przypadkiem słyszał całe zajście, nie będzie chciał iść z tobą na mecz, a czteroletnia córka zapyta, co zrobiłeś mamie, że tak płacze.

Obwinianie i zawstydzanie to przejawy złości. Czasem odnoszą efekt, czasem nie. Niemal zawsze prowokują kontratak. W odwecie więc ty też zostajesz obwiniony i zawstydzony. I właśnie wtedy wspinasz się na następny szczebel drabiny.

Czwarty stopień: przekleństwa, krzyki i wrzaski

Jacek kazał swojej trzyletniej pasierbicy Róży zjeść obiad do końca.

– Nie, nie zjem – odpowiada Róża.

– Proszę, bądź dobrą dziewczynką i zjedz obiad.

– Nie chcę.

– Jesteś niegrzeczna. Niedobra. Jesteś niedobrą małą dziewczynką.

– Nic mnie to nie obchodzi. Nie jestem głodna.

Jacek zaniemówił na kilka sekund, a potem poczerwieniał na twarzy i zaczął wykrzykiwać do Róży: „Ty cholerny bachorze, nienawidzę cię, nienawidzę ciebie i twojej siostry!". Krzyczał, wyzywał, wrzeszczał, coraz głośniej i głośniej. Nie przestał nawet wtedy, gdy Róża zaczęła szlochać. Jego żona przybiegła z kuchni i musiała odciągnąć go od dziewczynki.

Jacek ma niewyparzony język. Przeklina w domu, w pracy, w kościele. Uważa, że ten zły nawyk odziedziczył po ojcu. Od czasu do czasu próbuje się go pozbyć, ale nigdy nie wytrwał zbyt długo bez przeklinania. Twierdzi, że nigdy nie krzyczy; on tylko głośno mówi, czasem bardzo głośno.

Drobna Julia też jest krzykaczką. Kiedy się rozkręci, słychać ją kilka domów dalej. Jej chłopak próbuje ją uciszyć, na co Julia reaguje: „Nie sycz na mnie, ty szumowino!". Będzie wrzeszczała tak długo i tak głośno, jak się jej spodoba. Sąsiedzi mogą od razu dzwonić na policję.

Czemu jednak służą krzyki? Wymień jedną rzecz, która dzięki twoim wrzaskom zyskuje sens. Od kiedy to, wydzierając się, jesteś bardziej przekonujący? Przekleństwa, krzyki i wrzaski dają jeden efekt – sprawiają, że robisz z siebie idiotę. Strasznego idiotę. Nie żebyś rzeczywiście był kretynem, ale właśnie tak się zachowujesz, kiedy prezentujesz światu swój niewyparzony język.

Ron, przecież muszę spuścić trochę pary. Poza tym, czyż odreagowanie złości od czasu do czasu nie jest dobre dla zdrowia?

Po pierwsze, wcale nie musisz upuszczać pary. Ty chcesz to robić, a to wielka różnica. Spokojna rozmowa ci nie zaszkodzi. Przynajmniej unikniesz szczękościsku.

Po drugie, wybuchanie wcale nie jest dobre dla zdrowia. W zasadzie jest nawet szkodliwe.

Po trzecie, jeżeli chcesz wrzeszczeć, nie żałuj sobie, ale rób to w lesie albo w swojej (szczelnie zamkniętej) piwnicy. Dlaczego ktokolwiek miałby być skazany na wysłuchiwanie twoich wrzasków?

Po czwarte, masz poważne problemy ze złością, pamiętasz? Nie potrafisz poradzić sobie z nią typowymi metodami. Ty nie przeklinasz tylko trochę. Nie krzyczysz tylko trochę. Ty przeklinasz, ile wlezie. Wrzeszczysz, ile się da. Za często, o wiele za często.

Przekleństwa, krzyki i wrzaski świadczą o tym, że tracisz panowanie nad złością. Musisz natychmiast przestać. Nie ma dobrego wytłumaczenia dla wulgarnych odzywek. Żadnego. Jeżeli się nie opamiętasz, wkrótce wejdziesz na kolejny szczebel na drabinie złości.

Piąty stopień: żądania i groźby

To zaczyna wyglądać naprawdę źle. Podstępna złość, chłodna obojętność, obwinianie i zawstydzanie, przekleństwa, krzyki i wrzaski. Cały czas bez kontroli. Czas podnieść stawkę.

Cholera, grzecznie poprosiłem, żebyś ściszyła to radio, ale nie, oczywiście ty nie mogłaś tego zrobić. Lepiej je wyłącz, bo ci się dostanie.

„Zrób to albo..." – tak brzmi komunikat. Zrób to albo naprawdę się wściekne. Zrób to albo cię zastrzelę. Zrób to albo pożegnaj się z seksem w tym tygodniu. Zrób to albo cię zostawię. Zrób to albo zabiorę dzieciaki i nigdy ich już nie zobaczysz. Zrób to albo powiem wszystkim, że jesteś wariatem. Zrób to albo...

Czy pamiętasz smutny tekst z piosenki Rolling Stonesów? *You can't always get what you want, you can't always get what you want.* Nie zawsze możesz dostać to, czego chcesz. Lepiej nie cytuj tego przy złościoholiku.

To przypomina mi pewną historię.

Potężny Rolf

Żył kiedyś potężny olbrzym o imieniu Rolf, który miał problemy ze złością. Był silny. Był nieokrzesany. Był podły. Był tyranem.

Pewnego dnia Rolf spotkał piękną księżniczkę.

– Chcę milion dolarów – powiedział. – Płać albo...

– Albo co? – spytała księżniczka, która wcale nie sprawiała wrażenia przestraszonej.

– Albo tak się nadmę i tak zadmę, że zdmuchnę twój piękny pałac z powierzchni ziemi!

Cóż, księżniczka wiedziała wszystko o wielkich, złośliwych pieniaczach. Kiedyś była żoną jednego z nich. Mieszkała wtedy w pałacu z trzciny, z którego nie został potem nawet ślad. Kiedy już pozbyła się męża, zbudowała sobie nowy pałac. Tym razem z potężnych kamiennych bloków, ze specjalnie wzmocnionymi ścianami i izolacją przeciwsmoczą.

– Spróbuj szczęścia – powiedziała do olbrzyma.

Rolfowi się to nie spodobało. Nadymał się i nadymał przez calutką noc. Nagle spurpurowiał i zajęczał:

– Rety, myślałem, że każdego mogę zmusić, żeby zrobił to, czego ja chcę, jeżeli tylko odpowiednio go nastraszę.

– Każdego, ale nie mnie – odpowiedziała księżniczka. – A teraz wynoś się stąd, zanim zawołam straże.

I więcej go nie widziała.

Szósty stopień: nagonki i przepychanki

Fizyczna przemoc zaczyna się w momencie, kiedy ograniczasz czyjąś wolność.

Paulina jest wściekła, ponieważ Bogdan zapomniał przełożyć pranie z pralki do suszarki. Kiedy znajduje go na kanapie przed telewizorem, atakuje potokiem słów. Idzie za nim do kuchni. Im więcej mówi, tym bardziej jest wściekła. Jego przeprosiny nic nie zmieniają. „Nie muszę wysłuchiwać tego wszystkiego – broni się Bogdan – przejadę się po mieście". Ale nie tak łatwo uciec. Paulina wsiada do swojego auta i rusza za nim w pościg.

Daniel jest wściekły na Elę. Jest przekonany, że flirtowała z kolegami z pracy, dlatego jest zazdrosny. Przez godzinę zasypuje ją pytaniami. W końcu Ela ma tego dość i chce wyjść z mieszkania. Ale Daniel nie pozwoli jej odejść. Nie wcześniej, nim odpowie mu na wszystkie pytania. A poza tym, gdzie ona może się śpieszyć? Może po kryjomu spotyka się z jakimś mężczyzną? Daniel łapie ją za ręce i mocno przytrzymuje, tak że Ela nie ma szansy się uwolnić.

Paulina prześladuje Bogdana. Daniel ogranicza swobodę Eli. Obydwoje naruszają czyjąś wolność. To właśnie jest przemoc.

Ludzie mają różne usprawiedliwienia na swoją obronę. „Przecież nie jestem brutalny. Nigdy nikogo nie uderzyłem. Zatrzymuję ją tylko dlatego, że zależy mi, by mnie wysłuchała" – to błąd! W taki sposób odbierasz komuś możliwość swobodnego wyboru. To już jest przemoc.

Oto słownikowa definicja przemocy: przemoc to każde bezprawne lub nieuzasadnione użycie siły lub władzy przeciw prawom drugiego człowieka. Akty przemocy wyrządzają innym krzywdę. Nagonki i przepychanki odbierają drugiej osobie możliwość swobodnego wyboru, gdzie chce przebywać i co chce robić.

Złościoholicy wpadają w prawdziwy szał, gdy tylko ktoś próbuje narzucić im, co mają robić. Kiedy są zmuszeni na coś czekać, stają się poirytowani i rozdrażnieni. Nie próbuj wówczas zadręczać ich swoimi sprawami, chyba że jesteś przygotowany na walkę.

A może warto byłoby przestrzegać jednakowych zasad dla wszystkich? Skoro nikt nie ma prawa cię zadręczać lub zatrzymywać siłą, to i ty nie rób tego innym.

Siódmy stopień: przemoc częściowo kontrolowana

Czas na występy złośników z pierwszej ligi. Nie wiedzieć czemu, ci wszyscy głupcy nie przestają cię zadręczać. Początkowo starasz się być miły i uprzejmy. Z czasem podnosisz trochę głos. Później wkurzasz się i straszysz. Następnie podążasz za nimi krok w krok, przekonując ich na wszelkie sposoby o słuszności twojego punktu widzenia. Ale czas już skończyć z gierkami. Popychaj. Ciągnij. Szturchaj. Uderzaj. Wal. Kop. Przyduszaj. Wymachuj nożem. Strzelaj. Celem tych wszystkich działań są władza i kontrola, zmuszenie innych ludzi, żeby robili to, czego chcesz, żeby zrozumieli, kto tu rządzi.

Takie działania nazywam przemocą częściowo kontrolowaną. Jest ona kontrolowana, ponieważ wszystkie ataki mają jakiś konkretny cel. Wiesz, co robisz, nawet jeżeli później się zaklinasz, że wszystko wydarzyło się przypadkiem. Planujesz skończyć z tym, kiedy osiągniesz założony cel.

Niestety przemoc przypomina tygrysa warczącego zza krat klatki na swojego pana. Nie jesteś w stanie całkowicie jej kontrolować. Wciąż istnieje ryzyko, że zaatakuje. To właśnie wtedy łatwo jest stracić głowę.

Co się stało? Trochę się droczyliśmy z Sylwią, takie tam małe przepychanki. Nagle ona mnie spoliczkowała, więc się wściekłem i ją uderzyłem. Całkiem mnie poniosło.

Dałem Jankowi klapsa. Niegrzecznie mi odpowiedział. Postanowiłem dać mu lekcję, którą długo zapamięta. Uderzyłem go, ale przypadkiem trafiłem w brzuch. Przez chwilę nie mógł złapać tchu. Napędził mi niezłego stracha.

Przemoc jest groźna. Trudno wcisnąć z powrotem raz wyjęty z butelki korek. Dlatego nie istnieje coś takiego jak mała przemoc.

Przemoc w codziennym życiu nie ma żadnego uzasadnienia. Zgoda, jeżeli obłąkany szaleniec zaatakuje twoje dzieci, rób, co do ciebie należy, broń ich. Bądź bohaterem. Ale poza tym nie traktuj nikogo jak niebezpiecznego wariata.

Jeśli krzywdzisz ludzi wokół, to znak, że jesteś w nie najlepszej formie. Czy nie masz lepszych pomysłów? Czy straciłeś umiejętność rozmawiania? Zrób coś z tym, zanim komuś stanie się krzywda.

Z częściowo kontrolowaną przemocą wiążą się dwa poważne problemy:

- jest raczej bezceremonialnym sposobem dochodzenia swoich praw – desperackim aktem, który stawia cię w bardzo niekorzystnym świetle, a do tego rzadko daje zamierzony efekt;
- często prowadzi do niekontrolowanej agresji, czyli ślepej furii.

Ósmy stopień: ślepa furia

Mój Boże, ostatnia rzecz, którą pamiętam, to mój atak na Jurka. Ten twierdzi, że klnąłem i niemal toczyłem pianę z ust. Zdaje mi się, że naplułem na niego. Uderzyłem go. Jurek ma zadrapania na całym ramieniu. Teraz będzie miał ksywkę Pazur.

Zwykle złość podąża w łatwym do przewidzenia kierunku – podobnie jak płynie energia elektryczna w przewodach. Rodzi się w tak zwanym starym mózgu (system limbiczny). Rozlewa się stamtąd, by pomóc ci walczyć lub uciekać. Potem kieruje się przez tak zwany nowy mózg (to obszary, które rozwinęły się w mózgu człowieka stosunkowo niedawno i odpowiadają za racjonalne myślenie), gdzie może być kontrolowana. Twój „nowy" mózg informuje cię, na czym polega problem, jak można mu zaradzić, jak właściwie wykorzystać złość.

Silna złość może jednak stanowić problem. Może się zdarzyć, że „nowy" mózg ulegnie przeciążeniu i nie poradzi sobie z silną złością. Potrzebuje więc zabezpieczenia. Wówczas przerywa obwód i odłącza świadome myślenie.

Wspaniale. Już nie postradasz zmysłów, ale nic nie jest w stanie kontrolować twojej złości. Ta zamienia się w ślepą furię, która zwykle jest mieszanką ogromnej złości i przerażenia. Celem ślepej furii jest zniszczenie, dlatego jest tak niebezpieczna.

Ludzie mający ogromny problem ze złością często wpadają w furię. Podobnie jak pompa, która przed użyciem została zassana, są zawsze w stanie gotowości, z tą różnicą, że wylewają z siebie złość, a nie wodę.

Nie możesz odkładać szukania pomocy do momentu, aż całkowicie stracisz kontrolę nad złością. Wówczas będzie już za późno. Musisz działać, zanim zrobisz coś, czego będziesz żałować do końca życia.

Podsumowanie

Drabina złości i przemocy jest niebezpieczna. Podstępna złość, chłodna obojętność, obwinianie i zawstydzanie, przekleństwa, krzyki i wrzaski, żądania i groźby, nagonki i przepychanki, przemoc częściowo kontrolowana, ślepa furia – wyżej i wyżej w górę drabiny.

Co dalej? Pozostaje tylko jeden kierunek – w dół drabiny. W kolejnych trzech rozdziałach wyjaśnię ci, jak wygląda zejście z niej. Jesteś gotów?

Część 2

Działanie

Rozdział 5

Złap rybę albo odetnij przynętę – czas podjąć zobowiązanie

Do tej pory mogłeś tylko zdobywać informacje na temat złości, teraz przyszedł czas na działanie. Czas na zmianę.

Rzeczywista zmiana zaczyna się w momencie, gdy obiecamy coś sami sobie. Przyrzekniemy zrobić wszystko, co będzie konieczne. Inaczej myśleć. Inaczej postępować. A w przypadku złościoholika – nawet inaczej odczuwać.

Potrzebujesz odwagi, żeby rozpocząć nowe życie, i siły charakteru, żeby wytrwać. Potrzebujesz nieugiętej woli, żeby odmówić dziesiątkom zaproszeń do złoszczenia się, choćby bardzo kuszącym.

Musisz być szczery i uczciwy w stosunku do samego siebie, żeby nie powrócić do starych schematów niedostrzegania swoich problemów ze złością. Musisz chcieć przyznać się do błędów i chcieć je naprawić.

Musisz wykorzystać swój umysł. Ujarzmianie złości nie dzieje się samo z siebie. Będziesz musiał przemyśleć nowe sposoby radzenia sobie z różnymi sprawami.

Potrzebujesz pomocy. Nie próbuj robić wszystkiego sam. Poproś o pomoc ludzi, do których masz zaufanie. Poproś o wsparcie osoby, które potrafią kontrolować swoją złość lepiej niż ty. Podejmij zobowiązanie. Złóż obietnicę, uroczyste przyrzeczenie, ślubowanie. Na tym polega zobowiązanie.

Zobowiązanie do czego?

Cel

Pozostać opanowanym – oto twój cel.

Spokojny. Opanowany. Odprężony. Łagodny. Wyciszony. Cierpliwy. Zrównoważony. Pozbawiony niepokoju. Pewny. Pogodny. W zgodzie ze sobą. Niezmącony.

Wyobraź sobie spokojną taflę jeziora muskaną lekkim wietrzykiem. Pomyśl, że obserwujesz bawiące się dzieci i cieszysz się tym widokiem. Zobacz siebie jako osobę opanowaną, na którą inni mogą liczyć w trudnych, stresujących sytuacjach. Usłysz siebie, jak mówisz z głębi serca, z prawdziwym przekonaniem: „Ech, też mi problem. Wcale nie jestem o to wściekły".

Tak będzie, jeżeli porzucisz niepohamowaną złość. To twoja nadzieja i obietnica, choć osiągnięcie tego celu nie będzie proste. Ale nic, co naprawdę się liczy, nie przychodzi łatwo.

Dwa rodzaje opanowania

Istnieją dwa rodzaje opanowania. Oba są równie ważne i oba będą ci potrzebne. Pierwszy rodzaj opanowania polega na tym, że prawie nigdy nie wpadasz w złość. Drugi obejmuje umiejętność wyrażania siebie, swoich myśli, uczuć nawet wtedy, gdy jesteś zły.

Niewpadanie w złość. Jest to równoznaczne z odrzucaniem niemal wszystkich zaproszeń do złoszczenia się. Oto przykład: Adam jest powracającym do równowagi złościoholikiem. Wyjaśnia, dlaczego nie pozwala już sobie na napady wściekłości:

Ron, kiedyś byłem uzależniony od złości. Rano budziłem się wściekły, cały dzień chodziłem wściekły, wieczorem zasypiałem wściekły. Skrzywdziłem wiele osób. Mogłem kogoś zabić albo zostać zabity. Musiałem z tym skończyć. Wiem jednak, że moja złość gdzieś tam jest i tylko czeka, żeby ponownie mną zawładnąć. Utrata równowagi, choćby raz, jest całkowicie wykluczona. Ze względu na samego siebie zawsze znajduję inne rozwiązanie. Nie pozwalam sobie nawet na irytację, ponieważ wiem, do czego to może prowadzić. Nie mam zamiaru przeżywać całej tej udręki raz jeszcze.

Adam przypomina alkoholika, który wie, że nie może wypić nawet jednego drinka. Obiecał sobie nowe życie. W imię tego jest zdecydowany zrezygnować ze złoszczenia się. Pewnie pomyślisz, że Adam musi być jak wycieraczka – ludzie depczą po nim bez ustanku. A on bez złości w żaden sposób nie jest w stanie się obronić.

Nie, to nie tak. Adam świetnie sobie radzi. Nikt nim nie pomiata. Jest teraz silniejszy niż kiedykolwiek przedtem. Jego życie zmieniło się na lepsze, a nie na gorsze. Adam podjął decyzję o rezygnacji ze złoszczenia się i dzięki temu czuje się o niebo lepiej. Może cieszyć się przyjaciółmi, pracą, rodziną, swoim życiem. Jest szczęśliwy. Odnalazł wewnętrzny spokój. Złość jest luksusem, na który w żadnym razie nie może sobie teraz pozwolić.

Adam znalazł rozwiązanie swojego problemu. Wymienił wściekłość na szansę życia w inny sposób.

Umiejętność wyrażania siebie, nawet gdy jesteś zły. Istnieje inna droga. Posłuchaj, co mówi Anna:

Ron, nienawidziłam swojej złości. Właściwie to nie chodziło o złość, ale o całkowitą utratę kontroli. Byle drobiazg doprowadzał mnie do szału. Zdecydowałam jednak, że złość nie jest usprawiedliwieniem dla takiego zachowania. Podjęłam zobowiązanie, ale nie takie jak Adam. Moim celem jest kontrolowanie siebie, swojego zachowania nawet wtedy, gdy jestem zła.

Anna od czasu do czasu radzi sobie ze złością, o ile ta nie jest zbyt silna. Musi stale trzymać ją pod kontrolą. Musi pamiętać o tym, by mówić, a nie krzyczeć; by prosić, a nie żądać.

Złość jest gorąca, rozgrzewa do walki. Gotujesz się, kipisz, aż dochodzi do eksplozji. Parujesz. Możesz sprawdzić „temperaturę złości", jak na rycinie 3, która pokazuje zmiany związane ze wzrostem tej „temperatury".

Adam stara się utrzymać swoją złość na najniższym poziomie. To jest warunek jego przetrwania. Anna radzi sobie ze złością na niskim poziomie, a jeżeli jest uważna, nawet z tą umiarkowaną. Nie może sobie jednak pozwolić na gorącą

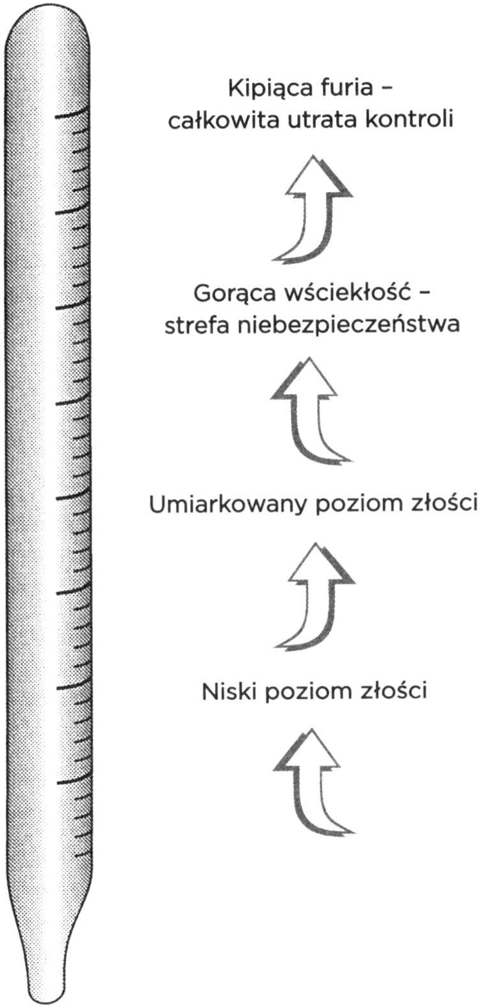

Rycina 3. Termometr złości
Źródło: opracowanie własne.

wściekłość, gdyż wówczas całkowicie traci kontrolę nad sobą. Od razu przeskakuje na najwyższy poziom, do kipiącej furii.

Adam przypomina alkoholika, który już nigdy nie będzie mógł pić. Annę można porównać raczej do osoby przejadającej się – musi nauczyć się jeść z umiarem. Adam niemal całkowicie pozbył się problemu złości. Anna zaś unika momentów, w których jej złość przekracza pewną granicę lub trwa zbyt długo.

Przyrzeczenie Adama brzmi: „Koniec ze złością. Nie mogę się zezłościć nawet raz". Anna zaś przyrzekła sobie: „Nigdy więcej wybuchów wściekłości. Istnieje granica, której nie mogę przekroczyć".

Obietnica, którą musisz złożyć już dziś

Nie przejmuj się, twoje zobowiązanie nie musi brzmieć dokładnie tak jak przyrzeczenie Adama czy Anny. Jeszcze nie teraz. Ich zobowiązania są na całe życie. Ty zaś nie jesteś jeszcze na to przygotowany. Nie potrafiłbyś wytrwać. Oto propozycja dla ciebie:

Przyrzekam pozostać spokojny przez cały dzień.

To na razie wszystko. Dwadzieścia cztery godziny bez wybuchów szału, bez wrzasków, bez pouczania innych, bez wściekania się. Dwadzieścia cztery godziny ciszy i spokoju.

Nie chcę, żebyś przez dobę dusił w sobie złość, a potem wybuchł ze zdwojoną siłą, jak nigdy dotąd. To nie ma sensu. Nie chodzi mi też o to, żebyś udawał spokój przed innymi, kiedy w środku aż się gotujesz. To byłby fałsz.

Spokojny to znaczy spokojny. Pogodny, wyciszony. To znaczy, że na jakiś czas pozwalasz swojej złości odejść. Na jeden dzień składasz broń, zdejmujesz zbroję. Pamiętaj, że w każdej chwili możesz do tego wszystkiego wrócić. Nikt nie jest w stanie cię powstrzymać.

Na jeden dzień odłóż swoją złość na bok. Sprawdź, co będzie się działo. Nic nie tracisz.

Sześć kroków, które pomogą ci dotrzymać słowa

Obietnice, obietnice, obietnice. Łatwo je składać, trudniej dotrzymać. Czemu z tą miałoby być inaczej? A jednak może być inaczej. Możesz dotrzymać danego słowa, jeżeli zdecydujesz się na kilka działań wstępnych. Opisanych dalej sześć kroków ułatwi ci wytrwanie w spokoju cały dzień.

1. **Powiedz innym o swoim przyrzeczeniu**. „Jasne, chcę wytrwać. Ale co będzie, jeżeli nie dam rady? Lepiej nikomu o tym nie powiem, nie będę się wtedy musiał wstydzić, gdy nawalę" – jeśli tak sądzisz, równie dobrze możesz od razu założyć, że ci się nie powiedzie. Albo uwierzysz w siebie, albo przegrałeś jeszcze przed startem.

   Postaw wszystko na jedną kartę. Masz przed sobą bardzo ważny cel, szansę na nowe życie. Poza tym, co się stanie, jeżeli nie wytrwasz? To nie będzie koniec świata. Będziesz tylko czuł się podle – i o to właśnie chodzi. Będziesz potrzebował trochę czasu, żeby ustalić, co zrobiłeś źle. A potem możesz spróbować ponownie. Wcześniej czy później na pewno ci się uda.

   Powiedz o swoim zobowiązaniu przyjaciołom. Powiedz o nim całemu światu. I najważniejsze – powiedz o tym ludziom, na których najczęściej się wściekasz.

Basiu, dzieciaki, chciałbym, abyście wiedzieli, że obiecuję sobie być dzisiaj cały dzień spokojny i opanowany. Mam już dość wściekania się z byle powodu. Zrobię, co w mojej mocy, żeby nie rozzłościć się dziś ani razu.

Tylko nie opowiadaj bajek, nie mów bliskim, że muszą ci pomóc w dotrzymaniu obietnicy. To nie jest ich problem, tylko twój. Pamiętaj, że sekrety wszystko komplikują. Nie trzymaj swojej obietnicy w tajemnicy – ogłoś ją.

2. **Poproś bliskich o wsparcie**. Powiedz na przykład: „Sądzę, że twoje wsparcie bardzo by mi pomogło. To wszystko mnie przeraża. Być może będę chciał z kimś porozmawiać. Czy mogę zwrócić się do ciebie, jeżeli będzie mi ciężko?". Pamiętaj, że dana osoba może ci odmówić. Nie zadawaj pytań, na które można odpowiedzieć tylko „tak" lub „nie", jeżeli nie potrafisz w równym stopniu zaakceptować obu odpowiedzi. Jeśli ktoś ci odmówi, poproś kogoś innego. Wiele osób pomaga innym z ochotą. Pomaganie tobie jest dobre i dla twoich bliskich.

   Rozejrzyj się wokoło. Czy znasz kogoś, kto dobrze sobie radzi ze złością? Kogoś, kto pozostaje spokojny, kiedy inni są wzburzeni? Anonimowi Alkoholicy głoszą: trzymaj się zwycięzców. Utrzymuj kontakty z osobami, które nie mają problemu ze złością, a unikaj tych, które mają taki problem, zwłaszcza teraz. One ci nie pomogą, a mogą jedynie sprowokować cię do złoszczenia się. Potrzebujesz wsparcia. Zadbaj o nie; to nie jest dobry czas na unoszenie się próżną dumą.

3. **Wyeliminuj targowanie się**. Żadnych „tylko jeśli" ani „tak, ale". Targowanie się jest niedopuszczalne. Nie mów: „Dobrze, będę miły, jeżeli i wy będziecie mili dla mnie. Ale jeśli się nie postaracie, to i ja nie będę się wysilał". Targujesz się o coś, czego nie ma. To ty masz problem i tylko ty możesz zmienić ten stan. Targując się, narażasz siebie na kolejną porażkę, w dodatku zapewniasz sobie kozła ofiarnego, którego będziesz mógł obarczyć całą winą.

„Wybacz, Ron, ja naprawdę chcę się zmienić, ale muszę poczekać, aż Mars i Wenus znajdą się w odpowiednim położeniu. Wtedy przekształcę całą moją złość w miłość". Czy to nie jest najmniej przekonująca wymówka, jaką kiedykolwiek słyszałeś? To targowanie się najpodlejszego rodzaju. Podobnych wymówek słyszę wiele.

„Tak, chciałabym być opanowana, ale nie dam rady zacząć od dzisiaj. Zrozum, jestem okropnie przeziębiona i mam podły nastrój", „Jestem zbyt niecierpliwy", „Dziś jest czwartek, a czwartki są najgorsze", „Dzisiaj miałem w pracy taki ciężki dzień", „Są urodziny małego, a wiesz, jak dzieciaki potrafią wrzeszczeć" (więc ty będziesz wrzeszczeć na nie?) – spójrz prawdzie w oczy. Wymyślasz wymówki w nieskończoność. Zawsze znajdzie się powód do złości, jeśli dobrze poszukasz.

Musisz zacząć dzisiaj. Zaraz. Koniec z wymówkami. Koniec z niedotrzymywaniem obietnic. Koniec z obwinianiem innych. A może właśnie w tej chwili wymyślasz jeszcze jedną wymówkę, żeby choć trochę opóźnić swoje przyrzeczenie?

4. **Nie zapominaj o przykrych chwilach**. Wróć, proszę, do Koła Złości z rozdziału 1. Przyjrzyj się raz jeszcze wszystkim problemom, do jakich przyczyniła się twoja złość: kłopotom ze zdrowiem, problemom rodzinnym, finansowym, prawnym i duchowym.

   To dobrze, jeśli w tej chwili czujesz się podle. Tym razem czujesz się źle, nim narobisz bałaganu, a nie dopiero potem. Możesz wykorzystać to samopoczucie, żeby jeszcze bardziej utwierdzić się w swoim zobowiązaniu.

   Chciałbyś znowu być z siebie dumny. Możesz się tak poczuć już dzisiaj, ale tylko jeśli obiecasz sobie, że porzucisz złość, i wytrwasz w tym postanowieniu. Cuda są możliwe. Możesz zamienić poczucie winy i wstydu na szacunek dla samego siebie.

5. **Planuj z wyprzedzeniem**. Przyjrzyj się nadchodzącym dwudziestu czterem godzinom. Czy w tym czasie czeka cię coś, do czego musisz się wcześniej przygotować? Czy mogą nastąpić jakieś zdarzenia, które normalnie wytrąciłyby cię z równowagi? Może twoja zwariowana ciotka przychodzi w odwiedziny ze swoim nieznośnym pudlem? Jak ty nie cierpisz tego psa! A może twój partner zaplanował malowanie mieszkania i oczekuje od ciebie pomocy? Albo twój szef i jego świta mają skontrolować, jak sobie radzisz z pracą? A może córka zaprosiła na noc swoje trzy najbardziej wrzaskliwe koleżanki?

   Jak możesz się wcześniej przygotować, żeby nie złamać swojej obietnicy? Musisz zachować spokój. Jak to osiągnąć? Odpowiedź na to pytanie brzmi: planuj.

Przyglądając się czyimś planom na przyszłość, mogę ocenić, jak poważne są zamierzenia tej osoby. Ludzie najmniej poważni mówią: „Może wpadnie mi do głowy jakiś pomysł. Jutro na pewno coś wymyślę". Akurat!

Osoba, która poważnie myśli o zmianach, zachowuje się inaczej. Zastanawia się, omawia wszystko, tworzy realistyczny plan.

„Pójdę na spacer, jeżeli ciotka i jej pies zaczną ujadać jednocześnie", „Powiem partnerowi, że będę pomagać w malowaniu tylko rano. Po południu potrzebuję czasu dla siebie", „Kiedy zjawi się szef, nie oderwę się od pracy. Jeżeli inni będą mu się podlizywać, to ich sprawa. Uważam, że jestem w porządku", „Jak tylko córka i jej koleżanki przyjdą do domu, porozmawiam z nimi. Mogą rozrabiać, ile chcą, do dwunastej, ale potem albo się uspokoją i pójdą spać, albo odwiozę wszystkie dziewczynki do domów" – czy podobają ci się te plany? Wyglądają nieźle. Są proste i przejrzyste. A co najważniejsze, nie angażują nikogo poza tobą.

Nie pozbędziesz się swojej złości dzięki pobożnym życzeniom. Musisz planować, rozważać różne warianty, wypróbowywać nowe rozwiązania, które pomogą ci zachować spokój.

6. **Wyznaczaj pozytywne cele**. Nie chodzi tylko o to, aby skończyć z czymś niewłaściwym – ze złoszczeniem się – ale również o to, aby zacząć coś pozytywnego. Nowa szansa, nowe życie. Normalne życie. Godność osobista i szacunek dla samego siebie to dwa pozytywne cele, o których już wspomniałem, a oto inne:

- spokojni bliscy żyjący bez lęku;
- partner, który lubi być blisko ciebie;
- rodzina i przyjaciele, którzy cieszą się twoim towarzystwem;
- spokój ducha;
- nadzieja zamiast poczucia klęski;
- lepsze zdrowie;
- mniej konfliktowych sytuacji w pracy czy w szkole (może nawet czerpanie przyjemności z kontaktów ze współpracownikami);
- wydawanie pieniędzy na różne potrzeby, zamiast na rachunki za stłuczone okna i rozbite telefony;
- przyjaciele, którzy pozostają przyjaciółmi;
- emocjonalna stabilność;
- poczucie kontroli nad własnym życiem.

Twoje życie wzbogaci się o całą gamę uczuć. Szczęście, strach, smutek, wszystkie uczucia, które do tej pory były ukryte za zasłoną złości. Przede wszystkim poczucie wolności. Nie będziesz już dłużej więźniem własnej złości.

Zamiast się złościć, mogę...

Masz sen: śnisz, że jesteś w więziennej celi, ale ubrany w normalny strój. Czujesz się ociężały. Na ramionach trzymasz ogromny kamień. Jesteś zmęczony, bardzo zmęczony. Tak bardzo chciałbyś już odłożyć ten ciężar.

Do twojej celi wchodzi strażnik. Mówi ci, że odsiedziałeś już swoją karę i możesz wyjść na wolność. Musisz tylko odłożyć ten kamień.

Jak bardzo pragniesz wolności? Czy zdecydujesz się zdjąć kamień złości ze swoich ramion? Czy zrobisz to już dziś?

Co dalej – kiedy miną dwadzieścia cztery godziny

Pamiętaj o dwóch rodzajach opanowania:

- niewpadanie w złość prawie nigdy;
- umiejętność wyrażania siebie, nawet kiedy jesteś zły.

To są twoje cele długofalowe. Będziesz potrzebował obu rodzajów opanowania. Musisz postawić sobie za cel, żeby prawie nigdy nie wpadać w złość. To ma sens, prawda? Już zbyt długo żyłeś w ciągłej złości. Musisz porzucić nawyk wściekania się o byle co.

Nigdy nie będziesz „normalnie" radzić sobie ze złością. Jest ona zbyt niebezpieczna, zbyt potężna. Musisz ją pożegnać na zawsze. Nigdy nie będzie już twoim przyjacielem. Będziesz musiał odrzucać wiele zaproszeń do złoszczenia się – nawet te, które osoby niemające problemu ze złością mogą bezpiecznie przyjmować.

Musisz również postawić sobie za cel nauczenie się lepszego wyrażania swoich uczuć i myśli, kiedy jesteś zły. Do tego potrzebne ci będą narzędzia. Przedstawię je w rozdziałach 6 i 7. Są to: walka fair, wypowiedzi typu „ja", otwarta komunikacja oraz wyrażanie uczuć bez niepotrzebnego ranienia innych.

Podsumowanie

Uwalniający się z uzależnienia złościoholik to ktoś, kto złożył obietnicę. Przyrzekł sobie, że wytrwa dwadzieścia cztery godziny bez złoszczenia się.

Żeby uwolnić się od złości i normalnie funkcjonować, musisz stać się kimś, kto nie chce nigdy wpadać w złość, a kiedy mu się to przytrafi, chce wyrażać swoje uczucia i myśli, nie raniąc innych. Sześć kroków pomoże ci dotrzymać obietnicy:

- powiedzenie o niej innym;
- poproszenie bliskich o wsparcie;
- wyeliminowanie zwrotów „tylko jeśli...” i „tak, ale...”;
- pamiętanie o przykrych chwilach;
- planowanie z wyprzedzeniem;
- wyznaczanie sobie pozytywnych celów.

Jesteś gotów?

Zobowiązanie

Ja, ...,
przyrzekam pozostać spokojny (spokojna) przez dwadzieścia cztery godziny, zaczynając od godziny .... dnia .... roku ....

Twój podpis ....
Podpis świadka ....

Z kolejnego rozdziału dowiesz się, jak skończyć z przemocą i brutalnymi zachowaniami.

Rozdział 6

Schodzenie z drabiny, część 1: koniec z groźbami i przemocą

Musisz zejść z drabiny złości i przemocy. Nie po to, żeby być miłą osobą. Nie dlatego, że inni tak mówią. Musisz zejść z drabiny złości, ponieważ złość rujnuje twoje życie.

Wyobraź sobie, że masz zbadać nieznany zakątek dzikiej puszczy. Potrzebujesz przewodnika. Pierwszą osobą, jaką spotykasz, jest złościoholik, który prowokuje sprzeczkę. Grozi, że pobije twojego przyjaciela. Wyjmuje strzelbę i zabija swojego towarzysza.

Czy wynająłbyś tego człowieka na przewodnika? Ludzie mający duży problem ze złością skorzystaliby z jego usług. Właściwie już to zrobili. Codziennie wykorzystują swój gniew jako przewodnika po życiu.

No, kolego, ruszamy. Dzisiaj będziemy się wspinać na szczyty złości. Czy widzisz tę drabinę? Zacznijmy od wejścia na nią. Dobrze, tak, dalej, na sam szczyt. Najpierw śniadaniowa burda. Do południa wszyscy tubylcy będą już do nas wrogo nastawieni. W porze kolacji wściekłość odbierze ci mowę. Potem podpalimy las i spalimy swój namiot. I jak ci się podoba mój plan?

Czy chcesz żyć właśnie w taki sposób? Jeżeli nie, lepiej zrezygnuj z tego przewodnika i wydostań się z puszczy złości, zanim zagubisz się tam na zawsze.

Droga na zewnątrz zaczyna się od zejścia z drabiny złości i przemocy.

Od czego zacząć? To proste – zacznij od samej góry, żeby przede wszystkim zapobiec najgorszemu. Schodź kolejno z najwyższych szczebli drabiny, zanim zdążysz wyrządzić jeszcze jakieś szkody. Co najważniejsze, skończ z przemocą.

W tym i kolejnym rozdziale omówię jedenaście zasad, które pomogą ci zejść na sam dół drabiny złości i przemocy. Oto one:

1. Daj sobie czas, żeby ochłonąć i uniknąć stosowania przemocy.
2. Rozchmurz czoło i się odpręż.
3. Nie próbuj kontrolować innych.
4. Zaakceptuj odmienność.
5. Proś zamiast żądać.
6. Nagradzaj zamiast straszyć i karać.
7. Mów spokojnie, nie przeklinaj.
8. Bierz odpowiedzialność za wszystko, co mówisz i robisz.
9. Traktuj innych z szacunkiem.
10. Mów innym, co cię trapi. Bądź bezpośredni, konkretny, uprzejmy.
11. Stosuj wypowiedzi typu „ja".

Przede wszystkim bezpieczeństwo – koniec z przemocą

Marek dotarł do domu w momencie, gdy jakiś obcy mężczyzna właśnie z niego wychodził. Marek jest bardzo zazdrosny. Jego poprzednia żona miała romans, więc teraz on z góry zakłada, że Teresa, jego dziewczyna, go oszukuje. Jest wściekły, czuje ogień w żołądku. Krew pulsuje mu w skroniach. Marek zawsze był w gorącej wodzie kąpany i teraz też niewiele brakuje, żeby wpadł w furię.

Jeszcze rok temu mężczyzna wpadłby do domu jak burza. Oskarżałby Teresę, straszyłby ją. Nie wierzyłby żadnym tłumaczeniom, bez względu na to, jak rozsądne by były. Szalałby z wściekłości. Waliłby pięścią na oślep. Napędziłby Teresie niezłego stracha. Szarpałby ją, bił, groził, że ją zgwałci. Ale nie tym razem. Marek złożył przyrzeczenie, że kończy z przemocą. Teraz zdaje sobie sprawę, że nie może od razu wejść do domu. Musi ochłonąć.

Pierwsza zasada kontrolowania złości: daj sobie czas, żeby ochłonąć i uniknąć stosowania przemocy

Jest tylko jedna rzecz, jaką możesz zrobić, jeśli czujesz, że zaraz stracisz panowanie nad sobą: musisz dać sobie czas, żeby ochłonąć. Opuść sytuację, dopóki się naprawdę nie uspokoisz. W tym czasie nie masz się zastanawiać, jak rozwiązać problem, gdyż jesteś na to zbyt zdenerwowany. Jesteś we władaniu złości. Kontrolę przejął twój tak zwany stary mózg.

Uwaga: nie wystarczy, że się oddalisz od kogoś, na kogo jesteś wściekły. Aby się uspokoić, musisz podjąć pewne kroki.

Oto jak wygląda sensowna, dobrze wykorzystana przerwa na ochłonięcie.

- **Uświadamiasz sobie, że zaraz stracisz panowanie nad sobą**. Napady wściekłości nie zdarzają się ot, tak. Nie spadają jak grom z jasnego nieba. Można je przewidzieć. Zawsze poprzedza je kilka sygnałów ostrzegawczych. Musisz poznać te właściwe dla ciebie. Oto sygnały z ciała: nagłe pocenie się, ucisk w żołądku, gwałtowny napływ adrenaliny. Myśli: „Dość! Nie zniosę tego ani chwili dłużej" lub „Ona nie ma prawa tak się do mnie odzywać. Nienawidzę jej". Działanie: nerwowe chodzenie po pokoju, zaciskanie pięści, podnoszenie głosu. Jeżeli zauważysz u siebie tego typu objawy i nie zdołasz natychmiast ich powstrzymać, to bezwzględnie potrzebujesz czasu, żeby ochłonąć.
- **Wychodzisz na chwilę**. Powiedz osobie, z którą jesteś, że czujesz się wytrącony z równowagi i musisz na chwilę wyjść, nim zrobisz coś nierozważnego, czego będziesz potem żałował. Obiecaj, że wrócisz, jak tylko będziesz mógł spokojnie porozmawiać. Bardzo ważne jest dotrzymanie tej obietnicy. Chwila przerwy to nie sposób na ucieczkę.
- **Idziesz w spokojne miejsce, w którym możesz wrócić do równowagi**. Posiedź chwilę w samochodzie albo na ławce w parku. Możesz wyjść do garażu, na pchli targ, do kina, na spotkanie grupy AA. Najlepiej spędź ten czas sam,

a na pewno nie z ludźmi, którzy będą dolewać oliwy do twojego ognia. Jeżeli pojedziesz gdzieś samochodem, bądź ostrożny. Szpital to nie najlepsze miejsce, żeby czytać dalej tę książkę.

- **Wybierz zajęcie, które pomoże ci się uspokoić**. Wypij kubek bezkofeinowej kawy (kofeina powoduje niepokój i rozdrażnienie). Idź na energiczny, rześki spacer, poczytaj ciekawą książkę, zastosuj jakąś technikę relaksacyjną. Chwila aktywności dobrze ci zrobi, ale unikaj agresywnych bodźców, na przykład oglądania pełnych przemocy filmów. Twoim celem jest wyciszenie fizyczne, psychiczne i emocjonalne.
- **Zrelaksuj się, odpręż**. Pozwól, by minęło poczucie utraty kontroli. Nie spiesz się (dalej piszę więcej o sposobach relaksacji).
- **Po chwili możesz być gotowy, żeby wrócić**. Przede wszystkim zadaj sobie pytanie: „Czy jestem w stanie wrócić i rozmawiać spokojnie, bez względu na to, co inni będą mówić lub robić? Nawet jeżeli będą zdenerwowani, wytrąceni z równowagi?". Jeśli nie jesteś tego całkowicie pewien, nie wracaj. Przedłużyłbyś tylko całe zajście o kolejną rundę.
- **Wracasz**. Omów z osobami zaangażowanymi w sytuację to, co się zdarzyło. Zachowaj spokój. Skieruj rozmowę na pierwotny problem i tym razem nie strać zimnej krwi. Sama świadomość, że pozwoliłeś sobie ochłonąć, ułatwi ci zadanie. Przyczyniłeś się do bezpieczeństwa i komfortu wszystkich biorących udział w rozmowie.

Możesz zrobić więcej, żeby uniknąć przemocy. Przerwa na uspokojenie dużo daje, ale nie zawsze wystarcza. Właściwie jest dopiero pierwszą linią obrony.

Gdyby istniała drużyna piłkarska o nazwie Kontrola Złości, Adam Uspokojenie byłby jej bramkarzem. Stałby gdzieś z tyłu boiska, stanowiąc ostatnią przeszkodę pomiędzy twoją złością a katastrofą. Ale ten chłopak potrzebuje wsparcia. Sam sobie nie poradzi. Gdzie jest reszta jego drużyny?

Pozostali zawodnicy znajdują się o wiele bliżej miejsca, w którym toczy się walka. Ich zadaniem jest odciąć drogę twojej złości, zanim zaczniesz tracić nad nią kontrolę. Każdy gracz ma wyznaczoną inną rolę. Jeden sprawdza twoje myśli, aby powstrzymać cię od takiego myślenia, które zwykle powoduje, że wpadasz we wściekłość. Piszę o tym więcej w rozdziale 8. Kolejny kontroluje poziom adrenaliny w twojej krwi, który znacznie się podnosi przy atakach złości (już o tym pisałem). Trzeci bacznie śledzi twoje zachowanie i stara się nie dopuścić do działań, które mogłyby przysporzyć ci kłopotów.

Anonimowi Alkoholicy zwykli mówić: „Jeżeli wystarczająco długo będziesz się kręcił w pobliżu zakładu fryzjerskiego, wcześniej czy później zostaniesz ostrzyżony". Dlatego właśnie starają się nie odwiedzać barów. Można to odnieść również do złości. Jeżeli zaciskasz pięść, wcześniej czy później kogoś uderzysz. Jeżeli wchodzisz komuś w drogę, wcześniej czy później dojdzie do starcia. Jeżeli szukasz kłopotów, znajdziesz je.

Chcesz należeć do naszej drużyny? Zapraszam. Zrób listę swoich myśli, słów i czynów, które najczęściej obserwujesz przed atakiem złości. To nie ma być lista tego, co myślą, mówią lub czują inni ludzie. Zajmij się wyłącznie tym, co dotyczy ciebie. Następnie przestań myśleć, mówić i robić rzeczy wymienione na tej liście, a zacznij myśleć, mówić i robić coś innego. To naprawdę jest aż tak proste. Musisz jedynie zmienić kilka swoich zachowań.

Jesteś już niemal gotów, żeby zejść o szczebel niżej na drabinie złości i przemocy. Jest jeszcze tylko jedna rzecz, którą koniecznie chcę ci polecić. Poszukaj pomocy. Zwróć się do poradni lub terapeuty zajmującego się problemem złości. Być może znajdziesz kogoś, kto specjalizuje się w problemach takich jak twój – terapeutę, który prowadzi program dla osób stosujących przemoc czy pracuje z rodzicami bijącymi swoje dzieci. To jeszcze jedna z możliwości pomocy dla ciebie i twojej rodziny.

Druga zasada kontrolowania złości: rozchmurz czoło i się odpręż

Osobom mającym poważne problemy ze złością przydaje się znajomość technik relaksacyjnych. Przyczyna jest oczywista: twoje ciało nie jest w stanie walczyć i odpoczywać jednocześnie. Większość osób uzależnionych od złości nie zdaje sobie sprawy z tego, jak bardzo są spięte. A wierz mi, że osoby te są spięte. Napięcie jest pożywką dla ich złości.

Zacznijmy od góry, od twarzy. Jak często zdarza ci się słyszeć: „Ale masz wściekłą minę, czy coś jest nie tak?"? Pewnie zwykle odpowiadasz: „Nie, wszystko w porządku. Dlaczego ciągle powtarzasz, że wyglądam, jakbym był rozdrażniony? Chcesz mnie wkurzyć?".

Ludzie myślą, że jesteś zły, z powodu wyrazu twojej twarzy. Podejdź do lustra i sprawdź. Czy widzisz lekko zaciśnięte szczęki? Twardy wyraz oczu? Brwi schodzące się nad nosem? Czy słyszysz, że twój głos jest podniesiony lub ma sarkastyczne brzmienie? A może przechodzi w specyficzny szept, jaki wydajesz z siebie, kiedy z trudem powstrzymujesz wybuch gniewu?

Twarz i głos sygnalizują twoją złość. Podobnie jak twoje ciało. Zwróć uwagę na napięcie w barkach i plecach, na ucisk w żołądku. Na dłonie zaciskające się w pięści. Na potupywanie nogą. Na spacerowanie po pokoju w tę i z powrotem. Na ogólne napięcie i nienaturalny oddech – bardzo płytki lub za głęboki.

To wszystko dzieje się bez twojej kontroli. Twarz i ciało wykształciły własne złe nawyki – niemal wciąż są napięte. Cały czas w stanie mobilizacji, gotowe do następnej walki. To dlatego inni myślą, że jesteś ciągle zły. Gniew jest zmagazynowany w twoim ciele. Przesyła następujący komunikat: „Jestem gotów do akcji, czekam tylko na okazję".

Właśnie dlatego musisz się odprężyć. I to nie tylko w czasie kolejnego starcia. Musisz nauczyć się redukować napięcie w twarzy i całym ciele. Jest to umiejętność, którą można wyćwiczyć. Czasem po prostu trzeba się jej nauczyć. Oto kilka wskazówek, które możesz zastosować od razu (polecam jednak przeczytanie kilku książek[3] na ten temat lub zapisanie się na odpowiednie warsztaty albo trening).

- **Spoglądaj łagodniej**. Przestań przeszywać innych wzrokiem, groźnie spoglądać z ukosa, wytrzeszczać oczy. Pozwól odpocząć drobnym mięśniom wokół oczu. Za każdym razem, kiedy poczujesz, że znowu się spinasz, skieruj swoją uwagę na oczy. Niech ci to wejdzie w nawyk.

[3] Np. D. Lederer, M. Hall, *Wrzuć na luz. Relaksacja w 7 krokach*, przeł. G. Litwińczuk, Sopot: Funky Books – Grupa Wydawnicza GWP 2015; B. Stahl, E. Goldstein, *Uważność. Trening redukcji stresu metodą mindfulness*, przeł. A. Sawicka-Chrapkowicz, Sopot: GWP 2015; T. Roberts, *Mindfulness. O sztuce uważności*, przeł. S. Pikiel, Sopot: GWP 2015 (przyp. red.).

- **Oddychaj głęboko**. Weź dziesięć głębokich, miarowych oddechów – licz je na głos lub po cichu.
- **Mów normalnym głosem**. Kontroluj swój głos. Sprawdź, jakie tempo, głośność i tonacja są dla ciebie naturalne. Jeżeli masz skłonność do mówienia szeptem w złości, staraj się mówić głośniej. Jeżeli zwykle podnosisz głos, staraj się mówić ciszej.
- **Napnij kilka mięśni, a potem je rozluźnij**. Powtarzaj sobie w myślach zdania typu: „Zaraz się odprężę", „Nie stracę panowania nad sobą, wystarczy, że tylko trochę się rozluźnię".

Umiejętność odprężania się pomoże ci w sytuacjach, w których twoja złość dochodzi do głosu. Ale nie czekaj, aż będziesz kipiał z wściekłości. Co zdziała wówczas dziesięć głębokich oddechów? Raczej niewiele. Lepiej zastosuj tę metodę wcześniej, jeszcze zanim zaczniesz tracić nad sobą kontrolę.

Trzecia zasada kontrolowania złości: nie próbuj kontrolować innych

Jeśli celem są władza i kontrola, to środkami do ich osiągnięcia są złość i przemoc.

Przemoc to nie tylko napady szału. Często słyszę od pacjentów: „Ron, nie wiem, co się stało, nagle straciłem nad sobą panowanie". O wiele częściej jednak: „Nie dostałem tego, czego chciałem, więc po prostu się wściekłem". Przypadek Joanny stanowi dobry przykład.

Joanna jest matką trojga dzieci i nie radzi sobie ze złością. W przeszłości było jednak o wiele gorzej. Kobieta wpadała w furię. Teraz tylko czasem daje dzieciom klapsa w sytuacji, kiedy „same się o to proszą". Czyli kiedy? Zgadnij. Oczywiście zawsze wtedy, gdy dzieci nie robią tego, co Joanna chce, żeby zrobiły, a to znaczy niemal zawsze. Na przykład ostatnio starszy syn wrócił do domu z fryzurą na irokeza. Koszmar. Z kolei córka zamęczała Joannę prośbami o pozwolenie na randkowanie. Kobieta zastanawia się czasem, dlaczego ma takie nieznośne dzieci.

Joannie się wydaje, że teraz radzi sobie z nimi o wiele lepiej. Twierdzi, że potrafi już kontrolować złość. Przecież dopuszcza się tylko pojedynczych klapsów. „I zawsze przestaję, kiedy czuję, że mogę stracić panowanie nad sobą" – wyjaśnia. Tymczasem dzieci Joanny nie zwracają na nią uwagi, dopóki mama nie stanie się agresywna. Są poza jej kontrolą, nieprzewidywalne, nieposłuszne. W zeszłym tygodniu ukradły pieniądze z jej pokoju. Dziewięcioletni syn został odesłany ze szkoły do domu, ponieważ ciągle wszczyna bójki.

Co ma zrobić Joanna? „Sądzę, że potrzebują więcej klapsów, w końcu chyba zrozumieją, że to ja tu o wszystkim decyduję".

Joasiu, opamiętaj się! Ta metoda nie skutkuje i nie będzie skuteczna. Twoje dzieci nie potrzebują więcej klapsów, tylko mniej. Przede wszystkim musisz pozbyć się potrzeby kontrolowania wszystkiego, co one robią. Zapomnij o fryzurze syna. To jego głowa, nie twoja. Usiądź i porozmawiaj z córką o bezpiecznym randkowaniu. Ona ma szesnaście lat i będzie się umawiać z chłopcami, czy to ci się podoba czy nie. Nie powstrzymasz jej nawet siłą.

Wpadasz we wściekłość, bo uważasz, że inni mają w stosunku do ciebie jakieś zobowiązania. Powinni spełniać twoje życzenia. Cóż, na pewno nie będą. Ludzie wokół nie żyją po to, żeby ci służyć. Mają własne życie. Nie mają w stosunku do ciebie żadnych zobowiązań, przestań więc próbować za wszelką cenę podporządkować ich sobie.

Prawda jest taka, że nie jesteś w stanie kontrolować całego świata. Nie jesteś władcą ani Bogiem, odłóż więc lepiej gromy i błyskawice, zanim się poparzysz.

Skończ z nagonkami i przepychankami

Wydać w kasynie wszystkie pieniądze na czynsz? Świetny pomysł. Niestety twój partner miał inne zdanie, kiedy mu to zaproponowałeś. Nie zgadza się z tobą, mimo że powtórzyłeś to kilka razy. Idziesz więc za nim do kuchni, „tylko żeby przedstawić swój punkt widzenia", potem do sypialni. Nie dasz mu nawet wejść do łazienki bez twojej asysty. Mówisz do niego. Tłumaczysz. Starasz się go przekonać. Wiercisz mu dziurę w brzuchu.

Złościoholicy mają „lepki" umysł – wszystko się do niego „przykleja". Osoby te nie potrafią zrezygnować z jakiegoś pomysłu niezależnie od tego, jak bezsensowny jest. Nie tolerują również odmiennego zdania. Wszyscy muszą myśleć dokładnie to samo co one. Jeśli ktoś się z nimi nie zgadza, będą go zamęczać tak długo, aż zmieni zdanie.

„Ależ, Ron, przecież ona musi przyznać mi rację. To jest dla mnie bardzo ważne. Nie przestanę, dopóki się ze mną nie zgodzi". Bzdura.

Czwarta zasada kontrolowania złości: zaakceptuj odmienność

Ludzie myślą i działają inaczej niż ty. Zaakceptuj to, nie staraj się zmieniać innych na siłę. Nie zmuszaj ich, by „zrozumieli", że to ty masz rację. Każdy ma prawo do własnego zdania, podobnie jak i ty.

Chciałbym powtórzyć coś, o czym wspomniałem już w rozdziale 4. Nagonki i przepychanki to też forma przemocy. Odbierają innym prawo do prywatności i swobodę poruszania się. Musisz się nauczyć mówić to, co masz do powiedzenia, raz i tylko raz. Potem się wycofaj i uspokój. Ludzie o wiele chętniej słuchają, kiedy się ich do tego nie zmusza.

Koniec z groźbami i żądaniami

Sabina jest sina z wściekłości. Mówiła Leonowi, żeby kupił jej na urodziny bukiet róż. On zamiast tego zaprosił ją na obiad. Kretyn. „Albo zaraz kupisz mi te róże, albo zobaczysz!".

Rób to albo... Groźby i żądania. Typowy styl porozumiewania się osoby uzależnionej od złości – nieuprzejmy, niemiły, szorstki, brutalny. Niektórzy złościoholicy zachowują się tak, jakby mieli pistolet, w którym nigdy nie kończy się amunicja. Pif! Paf! Pif! Paf! Zastrzelić wszystkich! Jeżeli ktoś się podniesie, dostanie raz jeszcze. Rób to albo... Rób to albo... Rób to albo... Ale amunicja kończy się w każdej broni. Do tego czasu Leon będzie już chory od wysłuchiwania gróźb i żądań Sabiny. Ta będzie musiała zmienić swoje zachowanie albo znaleźć innego chłopaka.

W którymś momencie groźby i żądania przestają odnosić skutek. Być może działały przez jakiś czas. Być może udało ci się dzięki nim coś osiągnąć. Ale to nie będzie trwało wiecznie. Ludzie, których rozstawiasz po kątach, w końcu stracą cierpliwość. Zaśmieją ci się prosto w nos, jeśli są wystarczająco silni, albo za twoimi plecami – jeśli nie. Będą z ciebie kpić.

Kiedyś prowadziłem terapię mężczyzny o imieniu Jeff, który uważał się za niezwykle ważną personę w pracy. Żądał dla siebie najlepszego gabinetu i najnowocześniejszego sprzętu. Jeżeli nie dostawał tego, czego chciał, narzekał bez końca. Im więcej otrzymywał, tym więcej żądał. Ale ten mechanizm przestał działać. Im nowszego sprzętu żądał Jeff, tym gorszy dostawał. Im wymyślniejszych się domagał zabiegów, tym gorzej był traktowany.

Nastawił do siebie wrogo wszystkich współpracowników. Jego żądania ich odpychały. Jeff musiał zmienić strategię. Opracowaliśmy ją wspólnie, a zaczynała się dwoma kolejnymi zasadami prowadzącymi w dół drabiny złości i przemocy.

Piąta zasada kontrolowania złości: proś zamiast żądać

Życie stanie się prostsze, kiedy zaakceptujesz fakt, że nie masz żadnych praw w stosunku do czasu, pieniędzy, ciał i dusz innych ludzi. Zanim to zrozumiesz, może ci być trudno.

Chodzi mi o coś więcej niż uprzejmości typu „proszę" i „dziękuję". One też pomagają, ale mogą być złudne. „Proszę, zrób to moim sposobem (albo cię zabiję)" to nadal groźba.

W mojej rodzinie mamy taką zasadę, że nigdy nie zadajemy pytań, na które można odpowiedzieć tylko „tak" lub „nie", jeżeli nie jesteśmy w stanie zaakceptować obu odpowiedzi. To właśnie mam na myśli, gdy radzę ci, byś pytał, a nie żądał.

Wykorzystajmy przykład dotyczący seksu. Jesteś podniecony, naprawdę masz ochotę się kochać. Pytasz więc: „Kochanie, czy masz dziś ochotę na seks?". Powodzenia.

A jeśli usłyszysz w odpowiedzi „Nie, nie dziś”? Druga strona jest zmęczona. Albo nie czuje się dziś wystarczająco seksy. Co teraz? Możesz spróbować próśb, jęków, skarg, utyskiwań. „Ale kochanie, daj spokój. Tylko ten jeden raz. Przyrzekam więcej nie zawracać ci głowy. Proszę, no, naprawdę cię proszę. Wiem, że obiecywałem więcej tego nie robić, ale ten jeden jedyny raz. Najlepiej od razu chodźmy do łóżka” – i tak dalej, i tak dalej.

Możesz spróbować inaczej i zażądać: „Jesteśmy przecież małżeństwem. Mam swoje prawa. Chcę się dziś kochać. To twój małżeński obowiązek”. Chcę, chcę, chcę.

Możesz też zaakceptować odmowę. „Nie” znaczy „nie” – i koniec. Kto ci powiedział, że będziesz się kochać, kiedy tylko przyjdzie ci na to ochota? Nikt, ponieważ rzeczywistość wygląda inaczej. Zamiast żądać, zaakceptuj „nie”. Tylko nie tak, że odwrócisz się tyłem do partnera bez słowa „dobranoc”. Zachowuj się przyzwoicie. To nie jest koniec świata.

Proś, nie żądaj. Okaż wdzięczność, jeżeli dostaniesz to, o co prosisz. Okaż uprzejmość, jeżeli nie.

Szósta zasada kontrolowania złości: nagradzaj zamiast straszyć lub karać

„Zrób to albo...” znaczy zazwyczaj „... albo zrobię ci coś naprawdę wstrętnego”. Oznacza karę lub groźbę kary. Jeśli druga osoba zrobi to, czego chcesz, nie stanie się jej krzywda.

Ludzie mający problemy ze złością niewiele wiedzą o nagradzaniu. O wiele lepiej idzie im karanie. To właśnie spotykało ich samych, kiedy byli dziećmi. Bardzo trudno jest dawać coś, czego się nigdy nie otrzymało. To jednak nie znaczy, że nie można tego zmienić. Być może groźby i kary napędzają strachu osobom, które kochasz, ale niczego więcej nimi nie osiągasz.

Nagradzaj zamiast straszyć i grozić. Wróćmy do przykładu z seksem. Ostatniej nocy zaakceptowałeś „nie". Dziś twój partner mówi „tak". Jest wam cudownie. Oboje jesteście zadowoleni. Wówczas możesz usłyszeć: „Kochanie, wiesz, zmieniłeś się. Teraz czuję, że mnie kochasz, a nie wykorzystujesz. Lubię, kiedy jesteś taki".

I co ty na to? Czyń miłość, nie wojnę. Postępuj przyzwoicie, a ludzie wokół ciebie będą się dobrze czuli.

Niektóre z nagród, jakimi dysponujesz, są materialne – to pieniądze, słodycze, upominki, kwiaty, pożyczenie dziecku samochodu. Najcenniejsze jednak są słowa. Pochwały, przemyślane komentarze, zrozumienie, wysłuchanie. Więcej miejsca poświęcę temu zagadnieniu w następnym rozdziale. Teraz zastanów się tylko, co możesz mówić i robić, żeby nagradzać zamiast karać.

Podsumowanie

Schodzenie w dół drabiny złości i przemocy to trudne zadanie. Oto sześć pomocnych w tym zasad, które omówiliśmy w tym rozdziale.

1. Daj sobie czas, żeby ochłonąć i uniknąć stosowania przemocy.
2. Rozchmurz czoło i się odpręż.
3. Nie próbuj kontrolować innych.
4. Zaakceptuj odmienność.

5. Proś zamiast żądać.
6. Nagradzaj zamiast straszyć lub karać.

W kolejnym rozdziale zajmiemy się dolną połową drabiny. Jesteś już w połowie drogi do godnego, przyzwoitego życia, więc nie rezygnuj.

Rozdział 7

Schodzenie z drabiny, część 2: lepiej milcz, nim nauczysz się mówić właściwie

Ron, tu nie chodzi o przemoc, Bogdan nigdy mnie nie uderzył. Ale te jego odzywki. Słowa, którymi mnie znieważa. Kiedy się wścieka, jest gotów powiedzieć wszystko, byle tylko mnie zranić. I tak głośno krzyczy. Wolę, kiedy go nie ma w domu. Nie wiem, jak długo to jeszcze wytrzymam.

Maria wyszła za mąż za mężczyznę z niewyparzonym językiem. Bogdan nie jest groźny fizycznie, już dawno się nauczył, że nie można bić innych. Ale nadal ma poważny problem ze złością. Bardzo często wpada we wściekłość i wtedy atakuje słowami. Krzyczy i wrzeszczy, przeklina, ubliża, oskarża. Opowiada na prawo i lewo o przewinieniach Marii. Obwinia ją i zawstydza.

Sądzę, że to odnosi skutek. Po takiej scenie Maria rzeczywiście czuje się podle. Słowa męża ranią ją bardziej niż ciosy. Oto kolejne zwycięstwo Bogdana. Kolejne małżeństwo spisane na straty.

Wiesz, na co najbardziej skarży się Bogdan? Na to, że Maria jest chłodna i trzyma go na dystans. Że mu nie ufa. Ciekawe dlaczego?

Bogdan twierdzi, że ma prawo mówić, co tylko zechce. To prawda. Może wrzeszczeć, przeklinać, wyzywać, ile dusza zapragnie. To nie jest niezgodne z prawem. Ale przyjrzyjmy się faktom. Jest to niezbyt wyszukany sposób porozumiewania się. Jeżeli twoja najłagodniejsza wypowiedź wygląda jak wyjęta wprost z komiksu (##*****!!#######!), to nie jest z tobą najlepiej. Nie ma się czym chwalić. Równie dobrze możesz ogłosić światu, że nie radzisz sobie ze złością.

Ostatnie cztery szczeble w dół

Teraz zejdziemy z czterech najniższych szczebli drabiny złości i przemocy. To oznacza koniec z wrzaskami i przekleństwami. Koniec z obwinianiem i zawstydzaniem. Pożegnamy się z taktyką chłodnej obojętności. A skoro już się za to weźmiemy, czemu nie rozprawić się też z podstępną złością?

Siódma zasada kontrolowania złości: mów spokojnie, nie przeklinaj

Hej, Ron, poczekaj, przecież ja muszę wrzeszczeć i kląć. To mi dobrze robi. W ten sposób spuszczam trochę pary. Gdybym musiał być miły przez cały czas, chyba bym oszalał.

Wybacz, ale musisz tego zaprzestać. Koniec z krzykami, wrzaskami i przekleństwami, nawet jeżeli inni wrzeszczą i przeklinają. Mów spokojnie, nie używaj brzydkich wyrazów. Pamiętaj, że problem ze złością masz od zawsze. Powiedziałeś już o wiele więcej wstrętnych rzeczy niż przeciętny człowiek. Dość już narozrabiałeś, głównie za pomocą niewyparzonego języka. Jeśli raz zaczniesz, nie potrafisz przestać – klniesz bez przerwy. Jedno przekleństwo pociąga za sobą następne. Krzyki, wrzaski, obelgi są dla ciebie jak chipsy – nigdy nie udaje ci się skończyć na jednym.

Wiem, że słowa to twoja ulubiona broń. Siłą swojego języka potrafisz powalić człowieka. Jesteś w tym naprawdę dobry. To takie proste – ranić innych w ten sposób, zwłaszcza rodzinę i przyjaciół. Oto co ci proponuję:

Skończ z krzykami, wrzaskami i przekleństwami (oraz z obwinianiem i zawstydzaniem innych, o czym dalej), a w zamian otrzymasz więcej tego, na czym ci naprawdę zależy.

Będziesz otrzymywał więcej tego, na czym ci zależy, jeżeli nauczysz się przyzwoicie odzywać do ludzi. Jeśli będziesz się zwracał do innych z szacunkiem, oni też będą traktowali cię o wiele lepiej.

Osoba uzależniona od złości jest jak dziecko trzymające w ręku garść złotówek. Jeśli zaproponujesz mu za nie banknot dziesięciozłotowy, dziecko odmówi, ponieważ monety wydają mu się cenniejsze. Złość jest jak te złotówki – musisz ją odłożyć, żeby sięgnąć po prawdziwe pieniądze.

Uwaga: nie spodziewaj się rezultatów natychmiast.

Pierwszych twoich kilku spokojnych wypowiedzi nikt może nie zauważyć. Słowa i postępowanie osób z twojego otoczenia też nie od razu się zmienią, ale z czasem na pewno tak się stanie. Traktuj ludzi przyzwoicie, a doczekasz się tego, że i ciebie będą tak traktować.

Zamień obwinianie i zawstydzanie na szacunek i odpowiedzialność

„To twoja sprawka. Zrobiłem to przez ciebie. To wszystko twoja wina" – taki sposób myślenia nie prowadzi do niczego dobrego. Nigdy bowiem się nie zmienisz, jeśli za wszystkie swoje błędy będziesz obwiniać innych.

Ósma zasada kontrolowania złości: bierz odpowiedzialność za wszystko, co mówisz i robisz

Tylko ty odpowiadasz za swoje słowa i czyny. Zapomnij o wymówce: „Doprowadzasz mnie do szału", gdyż jest nic niewarta. Bardziej uczciwe jest powiedzenie: „Doprowadzam się do szału".

Kogo dotąd obwiniałeś o swoje wybuchy złości i porażki? Partnera? Rodziców? Szefa? „Ich"? Boga? Czas najwyższy zrezygnować z tych tłumaczeń. To nie inni są przyczyną twojego niezadowolenia, tylko ty sam. Możesz uniezależnić się od złości, ale musisz w tym celu wziąć całkowitą odpowiedzialność za swoje słowa i czyny. Twoje usta należą do ciebie i to ty jesteś całkowicie odpowiedzialny za wydobywające się z nich słowa.

Dziewiąta zasada kontrolowania złości: traktuj innych z szacunkiem

Traktowanie innych ludzi z szacunkiem można sprowadzić do listy zachowań wskazanych i niewskazanych. Oba rodzaje zachowań przedstawiam w tabeli 1.

Opisane zachowania nie przyjdą ci łatwo. Masz nawyk obwiniania i zawstydzania innych ludzi. Mówienie i postępowanie z szacunkiem będzie wymagało od ciebie silnego postanowienia, jest jednak warte wysiłku. Traktuj innych przyzwoicie, a sam będziesz tak traktowany.

Tabela 1. Traktowanie innych z szacunkiem – zachowania wskazane i niewskazane

Zachowania wskazane	Zachowania niewskazane
▪ Zaczynaj każdy dzień obietnicą poszanowania innych ludzi. ▪ Rozmawiaj spokojnie. ▪ Uważnie słuchaj tego, co mówią ludzie. ▪ Wyszukuj u innych cechy godne pochwały. ▪ Głośno wychwalaj dobro w innych ludziach. ▪ Mów ludziom, że są potrzebni i godni miłości. ▪ Mów im, że są cenni i ważni. ▪ Nie podnoś głosu, nawet gdy masz odmienne zdanie. ▪ Unikaj atakowania, krytykowania, obrażania. ▪ Pozwól innym wziąć odpowiedzialność za ich życie, podczas gdy ty bierzesz odpowiedzialność za swoje.	▪ Nie wyszukuj rzeczy do krytykowania. ▪ Nie śmiej się z innych ludzi. ▪ Nie rób min i nie wywracaj oczami. ▪ Nie mów innym, jak mają żyć. ▪ Nie obrażaj ludzi. ▪ Nie ignoruj ludzi. ▪ Nie upokarzaj ludzi. ▪ Nie bądź wyniosły. ▪ Nie naigrawaj się z ludzi. ▪ Nie mów innym, że są dziwni i nienormalni. ▪ Nie mów innym, że są źli, niepotrzebni i niegodni miłości. ▪ Nie mów innym, że tu nie pasują i wolałbyś, by nie istnieli. ▪ Nie wyzywaj ludzi od grubasów, maszkar, głupków i śmieci.

Źródło: opracowanie własne.

Od czego zacząć? Spójrz na listę zachowań niewskazanych z tabeli 1. Zaznacz kółkiem te, które zdarzają ci się czasami, a gwiazdką te, które zdarzają ci się często. Zastanów się, z których mógłbyś zrezygnować natychmiast. Nie chodzi o wyeliminowanie od razu wszystkich, lecz dwóch lub trzech. Nie spiesz się, na poprawę masz całe życie.

Tylko nie oszukuj. Nie chodzi o to, byś stwierdził, że może **spróbujesz** przestać krytykować innych albo z nich drwić, a może ich znieważać. Dość próbowania, teraz musisz zacząć działać. Jeżeli zdecydujesz się skończyć ze znieważaniem innych ludzi, to znaczy, że nigdy nie będziesz ich znieważał, a nie w większości przypadków.

Zrozum, że od lat codziennie przyjmowałeś truciznę – trułeś się złością. Czy sądzisz, że coś się zmieni, jeśli zaczniesz przyjmować ją co kilka dni? Oczywiście, że nie. Musisz się pozbyć całej trucizny.

Przyjrzyj się uważnie liście zachowań wskazanych z tabeli 1. Wybierz jedno czy dwa. Przećwicz je. Jeśli zdecydujesz się mówić innym miłe rzeczy, niech słowa nie utkną ci w gardle. Nie mów: „Sądzę, że był bardzo miły, ale nie powiedziałem mu tego". A dlaczego mu tego nie powiedziałeś? Obawiałeś się, że odpadnie ci język? Daj spokój. Teraz, dzisiaj jest czas na zmiany. Jest to najlepszy moment na to, byś zmienił swoje życie, więc go dobrze wykorzystaj. Zmiany nigdy nie zachodzą jutro.

Kiedy milczenie nie jest złotem

W rozdziale 4 pisałem o chłodnej obojętności, broni milczenia. Chłodna obojętność jest jak rozłączenie się tuż po odebraniu telefonu. „Jestem na ciebie wściekły! Nie odezwę się do ciebie ani słowem" – koniec rozmowy.

Znam wiele osób mających problem ze złością, które utknęły na tym szczeblu drabiny. Nie biją innych, nie grożą im, nie obrzucają ich obelgami, nie krytykują. Ale się dąsają, obrażają, godzinami oglądają telewizję, chodzą na ciche spacery – długie spacery, które niczego nie rozwiązują. Bywają ponure i kapryśne. Kiedy ktoś pyta je, czy coś jest nie w porządku, zwykle odpowiadają: „Ależ skąd", „Jeżeli do tej pory się nie zorientowałeś, to ja na pewno ci nie powiem" czy „Nie, tylko chciałbym zostać sam".

Osoby te nie wykorzystują czasu w samotności, żeby ochłonąć. Nie robią sobie przerwy, żeby potem wszystko spokojnie omówić. Ich milczenie to coś zupełnie innego. To bezpośredni sposób wykorzystania złości, której celem jest dokuczenie komuś czy ukaranie kogoś. Cisza jest w tej rozgrywce bronią. Ona komunikuje innym, że nie są warci nawet rozmowy.

Złość najczęściej jest gorąca, ale nie w tym przypadku. Cisza to złość zimna, lodowata. Z łatwością może się przerodzić w urazę lub nienawiść. Co najgorsze, milczeniem nie rozwiążesz żadnego problemu.

Dziesiąta zasada kontrolowania złości: mów innym, co cię trapi, bądź bezpośredni, konkretny, uprzejmy

Bądź **bezpośredni**: koniec z chłodną obojętnością. Koniec z kazaniami, pouczeniami. Mów wyłącznie prawdę. „Kochanie, jestem zły, ponieważ powiedziałaś, że będziesz w domu o dziesiątej, a jest już północ" – właśnie tak. Godziny lodowatego, znaczącego milczenia niczemu nie służą. Zachowaj dla siebie słowa w stylu: „Gdybyś mnie kochała, to...” – dana osoba słyszała je już wiele razy.

Bądź **konkretny**: nie mów niejasno, zawile, niezrozumiale. „Kasiu, ja... w pewnym sensie chciałbym, żebyś... tego... była dla mnie trochę, no, milsza” – wybacz, ale równie dobrze mógłbyś nic nie mówić. Porównaj to z: „Kasiu, proszę, wyłącz telewizor, kiedy rozmawiasz ze mną przez telefon”. Kasi może się nie podobać twoja prośba, ale przynajmniej wie, czego od niej oczekujesz. Jesteś konkretny i szczery.

Bądź **uprzejmy**: czyli grzeczny w stosunku do innych ludzi. Osoby uprzejme są taktowne i mają dobre maniery, w przeciwieństwie do osób prostackich i wulgarnych. Możesz być uprzejmy, nawet jeżeli się złościsz – właśnie tak zachowują się normalni ludzie. Wpadają w złość i pozostają uprzejmi. Nie do wiary, prawda?

Ostatni krok w dół – koniec z podstępną złością

Zapominanie, niekończenie spraw, udawanie głupiego, marudzenie, mówienie „tak, ale...” – to wszystko są przykłady podstępnej złości. Wyprowadzasz innych z równowagi i nie przyznajesz nawet, że jesteś zły.

Złościoholicy zwykle nie uważają się za osoby podstępne. Wydaje im się, że dla wszystkich jest oczywiste, w którym momencie wpadają w szał. Często rzeczywiście tak jest, zdarza im się jednak złościć podstępnie, na przykład na szefa („Nie znoszę tego buca. Muszę spełniać jego polecenia, ale robię to naprawdę powoli”) albo kiedy chcą dobrze wypaść

(„Na początku sądziłem, że Baśka nigdy o nic się nie wścieka, ale teraz ona zupełnie się zmieniła").

Osoby mające problem ze złością często zachowują się podstępnie po tym, jak pod wpływem tego uczucia zrobią coś bardzo głupiego czy złego, choć obiecywały sobie, że już nigdy się nie wściekną, i bardzo się starały nie denerwować. „Nie stracę panowania, żeby nie wiem co. Nikomu nie dam się sprowokować. Nigdy więcej się nie rozzłoszczę!" – po czym pojawia się silne poczucie winy. Złościoholik ukrywa wówczas swoją złość przed innymi i przed samym sobą.

Jedenasta zasada kontrolowania złości: stosuj wypowiedzi typu „ja"

Nie ma dwóch osób zgodnych we wszystkim, dlatego konflikty są nieuniknione. Spierać się można o pieniądze, sposób wychowania dzieci, władzę i kontrolę, religię, cokolwiek. Sztuka polega na tym, by mimo sprzecznych opinii się nie pozabijać.

Znasz już listę wskazanych i niewskazanych zachowań dotyczących wzajemnego szacunku. Dodaj do tego prostą technikę komunikacji, która pomoże ci porozumiewać się z ludźmi bezpośrednio, konkretnie i uprzejmie. Polega ona na używaniu wypowiedzi typu „ja". Jest stosowana od bardzo dawna, ponieważ jest skuteczna.

Wypowiedź typu „ja" składa się z trzech części dotyczących:

- konkretnego problemu, który cię trapi („Henryku, wydałeś na płyty wszystkie pieniądze przeznaczone na czynsz");
- twoich uczuć z tym związanych („Jestem z tego powodu zła i zdenerwowana");

- twoich konkretnych oczekiwań związanych z daną sprawą („Chciałabym, żebyś natychmiast, zanim cokolwiek rozpakujesz, odniósł wszystko do sklepu").

Henryk zawalił sprawę – wydał pieniądze przeznaczone na czynsz na płyty ulubionego zespołu. Joanna nie bez powodu jest zła. Ale ogarniająca ją złość stanowi odrębny problem. Joanna nie może pozwolić sobie na wybuch gniewu. Pomijając wszystko inne, nie chce dać Henrykowi do ręki broni przeciwko samej sobie. Gdyby straciła panowanie nad sobą, on z chęcią by to wykorzystał, żeby zmienić temat rozmowy.

Wypowiedź typu „ja" obejmuje tylko trzy zdania bez przekleństw, bez ataków, bez przewracania oczami, bez skoków ciśnienia. Same fakty. Być może Henryk będzie nadal zachowywał się niemądrze, ale jeśli nawet, to Joanna się do tego nie przyłączy.

Podstępna złość nigdy nie jest w pełni skuteczna, podobnie jak prowadzenie samochodu z nogą cały czas na hamulcu. Lepiej naucz się mówić innym, co ci leży na wątrobie, gdyż dzięki temu dotrzesz do celu o wiele szybciej.

Podsumowanie

Schodzenie w dół drabiny złości i przemocy wymaga czasu i wysiłku. Najpierw musisz nauczyć się kontrolować swoje pięści, potem swój język.

Dodaliśmy kolejnych pięć zasad do naszej listy. A oto wszystkie jedenaście:

1. Daj sobie czas, żeby ochłonąć i uniknąć stosowania przemocy.

2. Rozchmurz czoło i się odpręż.
3. Nie próbuj kontrolować innych.
4. Zaakceptuj odmienność.
5. Proś zamiast żądać.
6. Nagradzaj zamiast straszyć i karać.
7. Mów spokojnie, nie przeklinaj.
8. Bierz odpowiedzialność za wszystko, co mówisz i robisz.
9. Traktuj innych z szacunkiem.
10. Mów innym, co cię trapi. Bądź bezpośredni, konkretny, uprzejmy.
11. Stosuj wypowiedzi typu „ja".

Nie jest to zbyt skomplikowane. Jedenaście prostych zasad. Trzymaj się ich, a twoje życie zmieni się na lepsze. Ignoruj je, a pozostaniesz nieszczęśnikiem.

Kolejne dwa rozdziały poświęcone są specyficznym problemom: przekonaniu, że inni ludzie cały czas celowo starają się zatruć ci życie (jakbyś sam nie radził sobie z tym wystarczająco dobrze) oraz przeradzaniu się złości w urazę i nienawiść.

Rozdział 8

Uwierz lub nie: im nie chodzi o to, żeby cię zniszczyć

Osoby mające poważne problemy ze złością mają czasem zabawne pomysły – nie śmieszne do rozpuku, ale dziwnie zabawne. Raczej nie ma się z czego śmiać. Oto przykłady takich pomysłów: „Wszyscy chcą mi dokuczyć", „Nikomu nie można ufać", „Cały czas muszę być czujny", „Wszyscy mi zazdroszczą", „Jestem dobry, a oni wszyscy są wstrętni", „Na pewno chcą mnie wykorzystać", „Świat nie jest bezpiecznym miejscem" czy „Oni coś knują przeciwko mnie".

Złościoholicy mają niebezpieczne myśli i wyznają wrogie idee. Żyją w podłym świecie, w którym człowiek człowiekowi jest wilkiem, w którym wszyscy ludzie spędzają całe dnie na obmyślaniu sposobów ich unieszczęśliwienia.

Paranoja to przekonanie, że inni chcą cię zniszczyć. „Innymi" mogą być nieznajomi, FBI, koledzy z pracy, twój partner, dzieci, praktycznie każdy. Ludzie ci mówią, że cię kochają, ale to o niczym nie świadczy. Przecież wiesz lepiej. Za uśmiechem może się kryć mordercze spojrzenie, które cię dosięgnie, jak tylko się odwrócisz. Być może właśnie w tym momencie mówią o tobie. Opowiadają okropne rzeczy, coś knują.

Przesadzam? No, może troszkę. Ale nie bardzo. Większość osób uzależnionych od złości wierzy, że świat to paskudne miejsce. Dlaczego? Ponieważ osoby te sądzą, że wszyscy są tak pełni złości jak one. Oto łańcuch negatywnych myśli złościoholika:

1. *Jestem na nich wściekły, więc oni pewnie też są wściekli na mnie.*
2. *Bez względu na to, jak przyjazne sprawiają wrażenie, nie można im ufać.*
3. *Muszę odkryć powody, dla których oni chcą mnie dopaść.*
4. *Trzeba się przygotować na odpieranie ataków.*
5. *Najlepszą obroną jest atak, a więc do dzieła.*

Pierwsze zdanie ma kluczowe znaczenie. To ono nakręca błędne koło. Pamiętaj, że złościoholicy cały czas są wściekli. Budzą się wściekli, spędzają dzień wściekli, zasypiają wściekli. Sądzą, że wszyscy są tacy jak oni.

Inni muszą być tacy jak ja. Jeżeli ja jestem bez przerwy wkurzony, to oni też muszą być wkurzeni. Co? Nie wyglądają na wkurzonych? Po prostu dobrze to ukrywają, ale pod tą maską są cholernie wściekli.

Ludzie niekontrolujący swojej złości „przekazują" ją innym (fachowe określenie tego zjawiska to „projekcja"). Ale mimo to mnóstwo tego uczucia jeszcze im zostaje. Mogą im się wyczerpać zapasy cukru, pieniędzy, nadziei, ale na pewno nie złości.

Osoby mające poważny problem ze złością są nieufne. Zaufanie to poleganie na innych, to wiara w to, że ludzie nie chcą nas celowo skrzywdzić, że nie mają wobec nas wrogich zamiarów. Ale złościoholicy potrzebują wrogów, bo przecież muszą mieć na kogo się wściekać. Sami więc tworzą problemy, aby dostarczyć sobie pretekstów do walki. Również wrogów kreują sobie sami. Ostatecznie wróg to ktoś, na kogo można być zawsze wściekłym. Im więcej masz wrogów, tym więcej masz usprawiedliwień dla swojego gniewu.

Złościoholicy nieustannie szukają uzasadnień dla swojej złości. Czy pamiętasz zaproszenia do złoszczenia się, o których wspominałem we wstępie? Takie zaproszenie to cokolwiek, co może posłużyć jako usprawiedliwienie dla naszej złości. Może to być ujadanie psa w sąsiedztwie, kłótnia dzieci, chęć kupienia płaszcza za tysiąc złotych, gdy w portfelu mamy tylko dwanaście. We wstępie pisałem także o tym, że osoby uzależnione od złości przyjmują o wiele za dużo takich zaproszeń. Robią nawet więcej: piszą własne zaproszenia, podpisują je czyimś nazwiskiem i wysyłają do siebie.

Oto przykład: Malwina, szefowa Jakuba, informuje go, że obserwowała jego pracę i jest z niej zadowolona. Wkrótce w firmie będzie rozpatrywany awans mężczyzny i ona z pewnością poprze jego kandydaturę. Fantastyczna wiadomość? Nie dla Jakuba.

Co za bezczelność! Jak Malwina śmiała kontrolować moją pracę? Ona nie ma żadnego prawa mnie osądzać. Kim ona uważa, że jest?

Jakub przekształcił pochwałę w obelgę. Napisał własne zaproszenie do złoszczenia się i podrobił podpis Malwiny.

A oto inny przykład: Robert, chłopak Hanny, powiedział jej, że jest w niej zakochany. Chociaż na zewnątrz Hanna okazała radość, w duchu pomyślała:

Mężczyźni, zawsze chodzi im o jedno. Mówi mi to tylko po to, żeby zaciągnąć mnie do łóżka.

Hanna poczuła się manipulowana i wykorzystywana. Tego samego wieczoru sprowokowała kłótnię i zerwała z Robertem. Sama wykreowała z niego wroga. Oczywiście kobieta jest przekonana, że to Robert napisał zaproszenie do złoszczenia się. Jak jednak widać, Hanna sama je wymyśliła, napisała, podpisała imieniem swojego chłopaka i wysłała do siebie.

Osoby uzależnione od złości bez przerwy poszukują dowodów na potwierdzenie tezy, że inni ludzie starają się je skrzywdzić. Znalezienie takiego dowodu jest proste, o wiele za proste. Już wyjaśniam dlaczego.

Komunikat może być:

- negatywny;
- neutralny;
- pozytywny.

Większość komunikatów, które otrzymujemy, jest neutralna. Nie są one ani pozytywne, ani negatywne. Zazwyczaj dotyczą faktów, na przykład: „Podaj ziemniaki", „Dziś znowu pada", „Nastaw budzik". Niektóre komunikaty są negatywne, na przykład: „Jestem na ciebie wściekła", „Jesteś durniem", „Spadaj stąd", „Zajmij się czymś sensownym". Jeszcze inne zaś są pozytywne, na przykład: „Kocham cię", „Jesteś w porządku", „Podoba mi się twoja koszula", „Podejdź bliżej".

Osoby mające problem ze złością przekształcają komunikaty **neutralne w negatywne**. „Podaj ziemniaki" - pewnie sugerujesz, że zjem je wszystkie. „Dziś znowu pada" - no jasne, że pada, przecież widzę. Sądzisz, że jestem taki głupi? „Nastaw budzik" - dlaczego? Myślisz, że jestem zbyt leniwy, żeby wstać sam?

Osoby mające problem ze złością potrafią nawet przekształcić komunikaty **pozytywne w negatywne**. „Kocham cię" - ciągle to powtarza, ciekawe dlaczego? Może mnie zdradza i czuje się winna? „Jesteś w porządku" - aha, akurat, wcale nie to ma na myśli. Pewnie uważa, że jestem okropny. „Podoba mi się twoja koszula" - podoba się jej moja koszula? Co to ją, do cholery, obchodzi, w jakiej ja chodzę koszuli? „Podejdź bliżej" - niby dlaczego? Żebyś mógł mnie uderzyć? Ani mi się śni.

Rozumiesz, o co mi chodzi? Osoby mające problem ze złością same kreują swoich wrogów. Przekształcają świat w nieprzyjazne, niebezpieczne, paskudne miejsce. Zamieniają złoto w ołów. „Wszyscy chcą mnie skrzywdzić" - to myśl przewodnia złościoholika.

Muszę się bronić. Być zawsze czujny. Pełen podejrzeń. Nie mogę nikomu ufać. Muszę być przygotowany na pułapki i podstępne zasadzki. Zawsze gotów do walki lub do ucieczki.

Jestem przygotowany do ataku. Wiem, że chcesz mnie skrzywdzić, chociaż mówisz co innego. Wytłumacz mi, dlaczego miałbym siedzieć i czekać. Lepiej będzie, jeżeli zaatakuję cię pierwszy. Wymierzę pierwszy cios. Przygwożdżę ciebie, zanim ty przygwoździsz mnie.

Dlatego właśnie któregoś dnia Darek nazwał Magdę flądrą. Ponieważ go zawiodła. Na pewno by to zrobiła, gdyby jej pozwolił. Dlatego Hanna odeszła z pracy, zanim szef zdążył ją wylać. Z tego samego powodu Mirek tak bardzo wściekł się na Natalię, kiedy mu powiedziała, że go kocha. Mirek nie pozwoli nikomu zbliżyć się do siebie na tyle, by można go było zranić.

Paranoja to sposób myślenia, to sposób życia. Życia w defensywie, pełnego podejrzeń, wątpliwości, złości, wrogości, podłości. Ty ich albo oni ciebie – nikomu nie można zaufać.

Możesz wierzyć lub nie, ale innym ludziom nie chodzi o to, żeby cię dopaść.

Tak, to jest aż tak proste. Ludzie nie spędzają codziennie wielu godzin na obmyślaniu najlepszego sposobu sprawienia ci przykrości. Mają ciekawsze rzeczy do zrobienia.

Nie proszę cię, żebyś stał się nierozsądnym optymistą. Jeżeli zrezygnujesz ze złoszczenia się, nie staniesz się skończonym głupkiem. Musisz jednak zmienić swój sposób myślenia. Tabela 2 podpowiada, jak to zrobić.

Tabela 2. Zasady racjonalnego myślenia

Zachowania wskazane	Zachowania niewskazane
▪ Zwalczaj myśli, które pobudzają twoją złość. ▪ Myśl w sposób „antyzłościowy".	▪ Nie tragizuj. ▪ Nie demonizuj.

Źródło: opracowanie własne.

Jak zmienić myślenie

Albert Ellis, twórca terapii racjonalno-emotywnej, wiele pisze o irracjonalnym myśleniu – śmiesznym sposobie myślenia. Myślisz irracjonalnie, kiedy kreujesz sobie wrogów lub problemy. Jest wiele rodzajów irracjonalnego myślenia, ale ja omówię tylko dwa. Właśnie te dwa są bardzo popularne wśród złościoholików. Jeżeli je wyeliminujesz, odmienisz swoje życie.

Nie tragizuj

Tragizowanie polega na tym, że stwierdzamy, iż przydarza się nam coś strasznego, okropnego, potwornego, przerażającego. Jakaś katastrofa, totalna klęska. Musimy na to jakoś zareagować. Musimy się wściec.

Gdyby chodziło o deszcz, złościoholik nigdy nie doświadczałby mżawki czy przelotnych opadów ani nawet zwykłej ulewy. Jego spotykałyby wyłącznie huragany. Osoby uzależnione od złości przekształcają rozczarowania w katastrofy. Są mistrzami tragizowania.

Cecylia chciałaby pojechać w weekend na festiwal country, ale według grafiku w sobotę powinna być w pracy. Nie udaje się jej znaleźć zastępstwa. „To okropne. Wściekne się, jeżeli nie będę mogła pojechać na koncert" – rzeczywiście, Cecylia się wścieka i odreagowuje swoje rozczarowanie na przyjaciołach i współpracownikach.

Sebastian zaprasza Sonię na kolację, ale ta jest zbyt zajęta, żeby dzisiaj z nim wyjść. Proponuje mu, by zadzwonił jutro. Jednak w przypadku Sebastiana to nie wchodzi w rachubę. Do jutra on tak zapamięta się w swojej złości, że o wspólnym wyjściu nie będzie już mowy. „Nienawidzę odrzucenia" – lamentuje Sebastian. Czuje się załamany, pokonany i bardzo, bardzo zły.

Tragizowanie jest jak dokładanie drew do ognia. Możesz jednak regulować siłę płomieni. Wystarczy, że zadasz sobie dwa pytania:

- Jakie znaczenie miałaby ta sprawa, gdyby dziś był ostatni dzień mojego życia?
- Jak duży jest ten problem w porównaniu z największym rozczarowaniem w moim życiu?

W większości sytuacji się przekonasz, że obecny kłopot jest niewielki. Niewart wadzenia się z Bogiem, wrzeszczenia, krzyczenia, wszczynania bójki czy trwania w złości po wsze czasy.

Zwrot „Nie ma sprawy" jest bardzo pomocny w takich sytuacjach. Powstrzyma cię przed obracaniem rozczarowania w katastrofę – przed tragizowaniem.

Nie demonizuj

Jajka nie są „diabelskie"[4], dopóki ich tak nie przyrządzimy. Podobnie jest z ludźmi. Nie są oni diabelscy, dopóki ich takimi nie uczynimy. Oto odpowiedni przepis.

Jedno pobożne życzenie, że ktoś zrobi dokładnie to, czego chcemy
Jedna filiżanka zawiedzionych nadziei
Kilogram resztek urazy (uważnie czytaj następny rozdział, jeżeli chcesz dokładnie wiedzieć, jak uzyskać jej najwyższą jakość)

[4] Diabelskie jajka – rodzaj faszerowanych jajek (przyp. red.).

Jedna łyżeczka goryczy
Dodaj koncentrat złości i dokładnie wymieszaj wszystkie składniki. Dodaj szczyptę podejrzenia, że dana osoba robi ci coś celowo. Starannie oddziel dobrą część świata od złej. Umieść siebie po stronie dobrej, a całą mieszankę po stronie złej. Upewnij się, że obie części pozostaną rozdzielone, i wstaw „danie" do pieca. Poczekaj, aż będzie w połowie upieczone. Wyjmij z pieca. Zmarszcz nos, wąchając złą połowę. Udekoruj rogami. Teraz możesz już osobę, na którą jesteś wściekły, nazywać diabłem.

Demonizowanie oznacza przekonanie, że ktoś jest wcielonym diabłem, szatanem, czystym złem. W tym samym czasie ty musisz być uosobieniem czystości, niewinności i perfekcji. Jesteś samym dobrem, a „oni" wszyscy są nędzniejsi niż zawartość bajora.

Dlaczego ludzie demonizują? Ponieważ daje im to jeszcze jeden powód do złoszczenia się. Ludzie myślą w ten sposób:

Skoro ja jestem dobry, a ty jesteś zły, to znaczy, że mam prawo cię zniszczyć. Mogę cię rozgnieść jak pluskwę i nie muszę czuć się ani trochę winny.

Oto przykład: Milena nie zaliczyła ważnego testu, więc nie zostaje przyjęta do grupy zaawansowanej na zajęciach z bibliotekoznawstwa. Mogłaby oczywiście przyznać, że imprezowała, zamiast się uczyć, ale dziewczyna ma lepsze wytłumaczenie.

To wszystko wina nauczycielki. Na jej zajęciach niczego nie można było się nauczyć. Poza tym nienawidzi mnie za to, że jestem od niej bystrzejsza. Jest okropna. Powinni ją zwolnić.

Tak, lepiej rozgrzejmy piekarnik, bo Milena przyrządza nowego diabła.

Oto inny przykład: Ulisses jest bardzo zazdrosny o myśliwskie zdolności swojego brata Hektora, który lepiej od niego tropi, zastawia sidła i strzela. Oczywiście Ulisses mógłby spróbować nauczyć się tego wszystkiego od brata, ale to nie w jego stylu. Zamiast tego wymyśla historię o tym, że Hektor podchodzi zwierzynę innym myśliwym. Stara się nastawić wszystkich przeciwko bratu. Co gorsza, sam zaczyna wierzyć we własne kłamstwa. Wkrótce przestaje chodzić z Hektorem na polowania. Ten jest przecież uosobieniem zła. Ulisses stał się w swoich oczach niewinną ofiarą.

Musisz skończyć z demonizowaniem. Nie uda ci się pozbyć problemów ze złością, jeśli będziesz nadal demonizował innych ludzi. Powtarzaj sobie następujące zdania:

- „Porządni ludzie mogą czasem mieć odmienne zdanie";
- „Jeżeli ktoś nie zgadza się ze mną, nie znaczy to od razu, że jest zły";
- „Świat nie jest czarno-biały".

Zwalczaj myśli, które pobudzają twoją złość

Cztery rodzaje myśli powodują, że tkwimy w złości:

- sztywne wyobrażenia o świecie;
- sztywne wyobrażenia o sobie;
- przekonanie o własnej bezradności;
- obwinianie innych za swoją złość.

Sztywne wyobrażenia o świecie: „Nikomu nie można wierzyć", „Nigdy nie ufaj mężczyznom (kobietom)", „Świat jest okrutny. Żeby przetrwać, musisz walczyć". Pisałem już o nich, gdy wspominałem o paranoi. Jeśli uznasz te poglądy za swoje, pozostaniesz samotny i przepełniony złością.

Kontrteza: „Świat nie jest ani dobry, ani zły. Jest taki, jaki jest".

Sztywne wyobrażenia o sobie: „Mam problemy ze złością i zawsze będę je miał", „Złość panowała w mojej rodzinie i dlatego kieruje też moim życiem", „Jestem urodzonym wojownikiem", „Jestem mężczyzną, a mężczyźni są agresywni z natury", „Jestem Irlandczykiem (Włochem, rudy), a wiesz, jak potrafimy się wściekać". Usprawiedliwiasz złość, przyjmując, że jest częścią ciebie, twoim genetycznym dziedzictwem, cechą twojej płci, rodziny, narodowości. Co za bzdury! Oczywiście, że niektórzy mężczyźni łatwo wpadają w złość, ale większość z nich jest o wiele mniej podatna na wpływ złości niż ty. To samo dotyczy rudych, Włochów i innych. Przyjrzyj się raz jeszcze swojej rodzinie, a zauważysz, że niektórzy jej członkowie są wyjątkowo spokojnymi osobami. Ludzie nie rodzą się wojownikami. Poza tym w twoim wieku można już wziąć własne sprawy w swoje ręce.

Kontrteza: „Bez względu na swoją przeszłość jestem całkowicie odpowiedzialny za obecne wydarzenia".

Przekonanie o własnej bezradności: „Złość jest silniejsza ode mnie. Nie mogę jej powstrzymać", „To wszystko przez alkohol. Zawsze gdy piję, tracę nad sobą kontrolę. Nie mam na to żadnego wpływu", „Zespół napięcia przedmiesiączkowego jest przyczyną moich kłopotów. To nie moja wina, to moje ciało". Wysłuchuję wielu takich usprawiedliwień. Owszem, masz problem. Fizyczny, emocjonalny, umysłowy. Ale jesteś w stanie powstrzymać złość. Jesteś w stanie złościć się rzadziej. Jesteś w stanie uspokajać się szybciej. Jesteś w stanie okazywać innym szacunek, mimo że opanowała cię złość. To wymaga przewidywania, odwagi i umiejętności.

Kontrteza: „Nie będę więcej szukał usprawiedliwień, jestem w stanie kontrolować swoją złość i będę to robić".

Obwinianie innych o swoją złość: „Jestem ofiarą wykorzystania. To wszystko ich wina. Ja nic już na to nie poradzę", „To jej wina, to przez nią tak się wściekam", „Życie z alkoholikiem każdego zamieniłoby w potwora". Być może w przeszłości byłeś bity, porzucany, wykorzystywany, gwałcony. Niektórzy ludzie dorastają w rodzinach zupełnie niekontrolujących złości (zob. rozdział 3), ale co z tego? Przeszłość minęła, ból minął. Pomyśl, ile lat temu tego doświadczyłeś? Ile razy wykorzystywałeś swoją przeszłość jako usprawiedliwienie? Jako tani chwyt, żeby ranić innych? Czas skończyć z tą wymówką.

Kontrteza: „Przeszłość minęła, nie istnieje. Nie będę już wykorzystywać jej do usprawiedliwiania swojej złości. Będę żyć chwilą obecną".

Myśl w sposób „antyzłościowy"

Nie pozwól na to, by pełne złości myśli wypełniały twój umysł. Trzymaj się następujących zaleceń:

- wychwytuj myśli pełne złości;
- powstrzymuj je;
- zastępuj je myślami pozytywnymi.

Czy to wydaje się łatwe? Cóż, stanie się łatwe z czasem.

Przede wszystkim wychwytuj myśli pełne złości, podobne do tych wymienionych na początku rozdziału. Zwracaj uwagę na sytuacje, w których tragizujesz i demonizujesz, obwiniasz swoją przeszłość lub wynajdujesz innego rodzaju usprawiedliwienia dla swoich napadów wściekłości. Przeciwstawiaj się takim myślom. Nie pozwól im panować nad twoim życiem. Zacznij zastępować je myślami pozytywnymi. Oto kilka przykładów takich myśli.

Żona Tomasza prosi go, żeby wziął dzieci na spacer.
Stara myśl: „Ona nie ma prawa mówić mi, co mam robić".
Efekt: walka.
Przeciwstawienie się: „Tomaszu, znowu zaczynasz. Przestań, zanim znowu będziesz zły".
Nowa myśl: „Julia tylko mnie prosi. Mogę się zgodzić lub odmówić. Ona wcale nie próbuje mną dyrygować".

Anna ma się zgłosić do biura swojego kuratora.
Stara myśl: „%#&*%#%##".*
Efekt: Anna jest wściekła, jeszcze zanim spotkała się ze swoim kuratorem.
Przeciwstawienie się: „Hola, weź na wstrzymanie".
Nowa myśl: „Nie trać głowy. Poczekaj, aż dowiesz się, o co chodzi".

Dziewczyna Borysa rozmawia z jakimś chłopakiem.
Stara myśl: „On na pewno będzie chciał się do niej dobrać. Czas pokazać, kto tu rządzi".
Efekt: Borys robi z siebie głupca.
Przeciwstawienie się: „Stój! Zaczekaj! Nie bądź idiotą".
Nowa myśl: „Zaufam Monice. Ona potrafi sama o siebie zadbać".

Czy dostrzegasz już ten schemat? Najpierw łapiesz się na tym, że myślisz w sposób, który normalnie wyzwala w tobie złość. Następnie spowalniasz sytuację, kwestionując tę starą myśl. Potem zastępujesz myśl pobudzającą złość myślą pozytywną.

Możesz potrzebować przy tym pomocy przyjaciół, partnera czy terapeuty. Rozpoznanie prowokujących złość myśli jest trudne, ale niezwykle ważne. Na pewno dasz sobie z tym radę! Najtrudniejsze jest zwolnienie całego procesu i zatrzymanie destrukcyjnej myśli. Takie myśli są jak wozy jadące w bardzo głębokich koleinach. Obserwujesz je, wciąż jadące tym samym szlakiem. Doprowadzają cię do szału, a spojrzenia otaczających cię osób mówią: „O Boże, znowu on".

Uda ci się zatrzymać destrukcyjne myśli, jeśli z pełnym przekonaniem postanowisz, że już nigdy więcej nie pozwolisz im dyrygować swoim życiem. Zwykle zajmuje to nieco czasu. Oto co jeszcze możesz zrobić, żeby pozbyć się starych myśli.

Po pierwsze, powiedz sobie, że jesteś już zmęczony myślami doprowadzającymi cię do wściekłości. „Za każdym razem, kiedy podejrzewam, że Ewa mnie zdradza, kończy się wielką awanturą. Nie znoszę swojej zazdrości i mam zamiar coś z tym zrobić".

Po drugie, policz, jak często zdarza ci się myśleć w ten sposób. Kup mały notatnik i zaznaczaj w nim wszystkie razy, kiedy tego rodzaju myśl przemknie ci przez głowę. „101, 102, 103... a dopiero piętnasta. Zdaje się, że mam spory kłopot". Po prostu licz, na razie jeszcze nie próbuj niczego zmieniać.

Po trzecie, wyznacz sobie cel. Sekret tkwi w tym, żeby zatrzymać się w momencie, w którym wyłapujesz destrukcyjną myśl, jeszcze zanim wyzwoli ona w tobie starą, pełną gniewu reakcję. „W porządku. Jak tylko poczuję, że robię się zazdrosny, powiem sobie »stop«!!!". Pamiętaj, że będzie ci potrzebna myśl, którą zastąpisz tę starą, destrukcyjną, na przykład: „Zatrzymam się i powiem sobie, że kocham Ewę i jej ufam".

Nie spodziewaj się powodzenia we wszystkich sytuacjach, nagradzaj się jednak za każdym razem, kiedy ci się powiedzie. Dawaj sobie mały prezent. „Tak, udało mi się. Tym razem powstrzymałem swoją zazdrość. To już czwarty raz dzisiaj. Idzie mi coraz lepiej". Zwróć uwagę na pozytywne uczucia – poczucie ulgi i wolności.

Nie karz się, kiedy ci się nie uda. Twoim celem jest stopniowe i powolne pozbywanie się starego sposobu myślenia. Pomoże ci odrobina humoru, gdy się zorientujesz, że stare myśli znowu cię dopadły. „Ha, ha, moja zazdrość zajęła mi piętnaście kolejnych minut. To daje dziś w sumie jakieś czterdzieści pięć minut… razy siedem dni w tygodniu… to daje ponad pięć godzin… razy pięćdziesiąt dwa tygodnie w roku… razy dziesięć lat… Czy to mnie jeszcze bawi?".

Zmiana sposobu myślenia zajmuje trochę czasu. Przede wszystkim jednak musisz naprawdę tego chcieć. Jesteś w stanie odmienić swoje myślenie. Wybór należy do ciebie.

Podsumowanie

To z powodu swoich myśli jesteśmy uzależnieni od złości. W tym rozdziale przyjrzeliśmy się wielu takim myślom. Sztuka polega właśnie na zmianie sposobu myślenia. Musisz odrzucić przekonanie, że to inni są odpowiedzialni za to, że się złościsz, za twój ból i twoją przeszłość. Musisz wziąć pełną odpowiedzialność za własną złość. Musisz pozbyć się paranoicznych myśli i zaufać choć trochę światu.

Pozostaje jeszcze jeden problem: chowanie urazy. Złościoholicy są w tym mistrzami. Tym problemem zajmiemy się w następnym rozdziale.

Rozdział 9

Żegnajcie, stare urazy

Jarek miał romans. Jego żona Natalia się o tym dowiedziała. Jarek zerwał z kochanką, przeprosił żonę i przyrzekł jej, że to się nigdy nie powtórzy. Od czterech lat dotrzymuje słowa, ale Natalia nie może mu wybaczyć. Nie może zapomnieć. Mówi, że się starała, ale nie potrafi. Co najmniej raz w tygodniu kobieta porusza ten temat w rozmowie. Myśli o tym nieustannie. Wciąż sprawdza Jarka. Swojej rodzinie i przyjaciołom opowiada, jakim ten jest beznadziejnym mężem. Krytykuje go na każdym kroku. Ich pożycie się nie układa. Natalia nie rozumie, dlaczego jeszcze tkwi w tym małżeństwie. Nienawidzi Jarka za to, co jej zrobił.

Co to znaczy nienawidzić? Przede wszystkim nie lubić kogoś lub czegoś. Ale to nie wszystko, prawda? Możesz nie cierpieć bananowego budyniu, ale ta niechęć nie wywoła bezsennych nocy. Samo nielubienie nie wystarczy.

Nienawiść zaczyna się od złości. Aby jednak od złości dojść do pełnej nienawiści, musisz dodać jeszcze kilka składników. Są to:

- **siła** – nienawiść jest silna, nie można nienawidzić kogoś tylko troszkę;
- **silne emocje** – osoba, która kogoś nienawidzi, odczuwa emocje równie silne i pochłaniające jak w miłości;
- **zagrożenie** – osoba, której nienawidzimy, jawi się nam jako zagrożenie dla naszego życia, naszych dóbr, reprezentowanych przez nas wartości. Widzimy w niej zło właśnie dlatego, że stanowi zagrożenie;
- **czas** – nienawiść narasta z upływem czasu, szybciej lub wolniej, ale nieuchronnie; zdarza się, że przez całe życie;
- **niezdolność odpuszczenia** – nienawiść towarzyszy nam jak nieproszony gość. Niezwykle trudno się jej pozbyć, nawet jeżeli tego chcemy;
- **żądza zemsty** – ludzie, którzy nienawidzą, czują się pokrzywdzeni, często mają ochotę ranić innych tak, jak sami zostali zranieni;
- **wpływ na życie** – nienawiść pochłania wiele energii; nie możesz myśleć o niczym innym, robisz rzeczy pozbawione sensu. Ona kieruje twoim zachowaniem. Myśli o znienawidzonej osobie cię prześladują. Nienawiść jest jak wilk wyjący w twojej głowie.

Nienawiść ma swoje źródło w złości. Jesteś zdenerwowany i obarczasz kogoś winą za problem, którego nie potrafisz rozwiązać. Z czasem twoja złość narasta. Nie możesz przestać myśleć o tej sprawie. Masz coraz większe pretensje do obwinianej osoby. Rozpamiętujesz to, jak cię potraktowała. Krzywda wydaje ci się niewybaczalna. Pretensje przekształcają się w nienawiść. Twoja postawa wobec znienawidzonej osoby staje się nieugięta. Nic, co ta robi lub mówi, nie ma już na to wpływu. Ona jest ucieleśnieniem zła, a ty dobra. To takie proste.

Niestety osoby uzależnione od złości bardzo łatwo, zbyt łatwo, gromadzą urazy. Nienawiść dostarcza idealnego usprawiedliwienia dla życia w złości. Nienawidzić kogoś można w nieskończoność, nawet po jego śmierci. Zawsze można też obwiniać tę osobę za własne niepowodzenia.

Jasne, że jestem zły. Po tym wszystkim, co mi zrobiła, jestem po prostu wściekły. Nigdy jej nie wybaczę. Będę nienawidził matki do końca swojego życia.

Witold wie, co mówi. Szkody, które w ten sposób wyrządza sobie, nie mają znaczenia. Nie liczy się też dobro jego obecnej rodziny. Nienawidzi matki i tylko to jest ważne.

Niektórzy jednak widzą, że ich pretensje najbardziej godzą w nich samych. Walczą ze wszystkich sił, żeby pozbyć się nienawiści. Ale nie jest to łatwe. Myśli pełne nienawiści są jak chwasty o długich korzeniach. Bardzo trudno je wyrwać, a niezwykle szybko i intensywnie się rozrastają, nawet jeśli starasz się je ignorować. Pozostawiona sama sobie nienawiść wypiera inne uczucia. Również miłość zostaje zduszona przez chwasty pretensji i nienawiści.

Twoja nienawiść rani ciebie bardziej niż kogokolwiek innego.

Nienawiść może zawładnąć twoim życiem, odebrać ci spokój ducha. Trzyma cię w przeszłości, więc pielęgnujesz stare rany. Nie pozwala ci iść naprzód. Nie pozwala ci rozwijać się i zmieniać. Nienawiść jest luksusem, na który cię nie stać.

Oczywiście możesz nadal żyć ze swoją nienawiścią i pretensjami. Nikt nie zmusi cię do zrezygnowania z nich. Ale cena będzie wysoka – pretensje są kosztowne. Oto rachunek:

- nie jesteś w stanie przestać myśleć o osobie, która jest obiektem twojej nienawiści (Anonimowi Alkoholicy mówią w takich sytuacjach, że ktoś ma darmową kwaterę w twoim mózgu);
- tak intensywnie myślisz o tym, kogo lub czego nienawidzisz, że trudno jest ci robić cokolwiek przyjemnego;
- przez większość czasu czujesz się zły i sfrustrowany, łatwiej się denerwujesz i dłużej pozostajesz wściekły;
- użalasz się nad sobą i swoim cierpieniem, ale nie uważasz, żebyś miał na to jakiś wpływ;
- bardzo łatwo wytrącić cię z równowagi, co niekorzystnie wpływa na twoje relacje z ludźmi;
- postrzegasz innych jako złych i bezmyślnych ludzi, którym zależy na tym, żeby ci utrudniać życie;
- jesteś skłonny mówić i robić rzeczy, których potem będziesz żałował lub które wpędzą cię w kłopoty;
- możesz stać się przygnębiony i zgorzkniały.

Pielenie zapobiegawcze

Nietrudno poradzić sobie z chwastami – wystarczy je wyrwać, gdy są małe. Dalej piszę o tym, jak się pozbyć wyrośniętych chwastów nienawiści, ale najlepiej jest nie pozwolić im urosnąć. Czyli praktykować zapobiegawcze pielenie.

Szczera **rozmowa** jest najlepszym środkiem przeciwko chwastom. Wiąże się ze stosowaniem wskazówek opisanych w rozdziałach 6 i 7. Najważniejsze są wykorzystywanie wypowiedzi typu „ja", traktowanie ludzi z szacunkiem i dzielenie się swoimi zmartwieniami.

Czarek czuje się zły i urażony. Przyjaciel z pracy właśnie ukradł mu klienta. Czarek wykonał całą robotę, a Michał zebrał premię i pochwały. „W porządku – myśli mężczyzna – spróbuję skorzystać z sugestii Romka i porozmawiam z Michałem". I tak też robi. Michał słucha, uświadamia sobie swój błąd i przeprasza. Proponuje nawet przekazanie Czarkowi zysku z transakcji. W rezultacie przyjaciele dzielą się po połowie.

Czarek nadal ma coś do zrobienia. Musi pozwolić odejść złości i poczuciu skrzywdzenia, rzeczywiście zakończyć sprawę. Przypomina sobie, że on i Michał są dobrymi przyjaciółmi i od wielu lat pracują razem. Przebacza więc koledze i problem przestaje istnieć.

Szczera rozmowa sprawdza się w większości przypadków. Traktuj innych ludzi przyzwoicie, a dostaniesz to, na czym ci zależy. A co w przeciwnym wypadku?

Powróćmy do tego samego przykładu, ale załóżmy, że Michał zaczyna się bronić: „Idź do diabła, Czarek. To ja zamknąłem transakcję, to byli moi klienci, więc spadaj". Co teraz? Pamiętaj, że wszystko zależy od ciebie. Tylko ty możesz powstrzymać narastające pretensje.

Przyjrzyjmy się, jakie możliwości ma Czarek. Mężczyzna mógłby:

- zacząć zachowywać się naprawdę wstrętnie;
- zapomnieć o całej sprawie;
- ponownie spokojnie powtórzyć swoje zastrzeżenia;

- poszukać pomocy u przełożonego;
- wściekać się tygodniami;
- zostawić sprawę na jakiś czas, żeby powrócić do niej później;
- zrezygnować z pracy;
- poprzysiąc wyrównanie rachunków.

Które z tych zachowań spowodowałoby narastanie pretensji? Cztery z nich: obietnica wyrównania rachunków, wściekanie się tygodniami, wstrętne postępowanie i rezygnacja z pracy. A które powstrzymałyby narastanie pretensji? Ponowne spokojne powtórzenie swoich zastrzeżeń, pozostawienie sprawy na jakiś czas i wrócenie do tematu później oraz prośba o pomoc szefa.

A co z zapomnieniem o sprawie? To rozwiązanie może mieć różne następstwa. Powstrzymałoby pretensje, gdyby Czarek potrafił powiedzieć sobie, że nic wielkiego się nie stało, że Michał okazał się świetnym handlowcem i on na jego miejscu być może zrobiłby to samo. Ale w innych okolicznościach zapomnienie o całej sprawie może być błędem. Są problemy, o których trzeba powiedzieć głośno. Bądź ze sobą szczery. Czy potrafisz zapomnieć o danej sytuacji? Jeśli tak, to czy nie powtórzy się ona znowu? Czy coś dobrego mogłoby wyniknąć z powiedzenia o twoich odczuciach raz jeszcze?

Świat nie zawsze jest sympatyczny i uczciwy. Złe rzeczy przytrafiają się także dobrym ludziom. Rób co w twojej mocy, żeby wszystko było jak trzeba, ale uważaj. Nie jesteś w stanie naprawić zła całego świata. Nie pozwól, żeby każda twoja porażka zamieniała się w pretensje. W tabeli 3 znajdziesz kilka wskazówek podpowiadających, co pomaga, a co przeszkadza narastaniu pretensji.

Tabela 3. Zapobieganie pretensjom — zachowania wskazane i niewskazane

Zachowania wskazane	Zachowania niewskazane
■ Trzymaj się problemu. ■ Sprecyzuj, co stanowi problem i jak można mu zaradzić. ■ Pozbądź się starych uprzedzeń i skoncentruj na dniu dzisiejszym. ■ Korzystaj z pomocy, gdy jej potrzebujesz. ■ Weź odpowiedzialność za swoje szczęście.	■ Nie obracaj niepowodzeń w klęski. ■ Nie myśl, nie działaj i nie czuj się jak ofiara. ■ Nie koncentruj się na tym, co zrobiła ci druga osoba. ■ Nie stosuj starych gierek. ■ Nie oceniaj ludzi wyłącznie na podstawie jednej, nieakceptowanej przez ciebie cechy.

Źródło: opracowanie własne.

Wybaczanie

Edward został boleśnie skrzywdzony przez byłą dziewczynę Laurę. Kobieta pozwalała mu na bliskość, a potem nagle się wycofywała. Latami grała z nim w uczuciowego chowanego, w końcu go porzuciła. Ale Edward nie pozwolił jej tak łatwo odejść. Przeklinał ją codziennie, oczerniał przed innymi, pisał do niej okropne listy. Któregoś ranka mężczyzna obudził się zlany potem. Znowu mu się śniło, że morduje Laurę. Edward uznał, że ma tego dość i musi coś zrobić, aby skończyć z nienawiścią.

Co robisz z chwastami bujnie rozrośniętymi w twoim ogrodzie, czyli z pretensjami i nienawiścią nagromadzonymi przez lata? Aby się ich pozbyć, podobnie jak Edward, musisz użyć specjalnego ogrodniczego narzędzia. Tym narzędziem jest przebaczenie.

Są dwie definicje przebaczenia. Pierwsza mówi, że przebaczenie oznacza niechowanie urazy, druga – że to zrezygnowanie z wszelkich pretensji w stosunku do drugiej osoby. Nikt nie jest ci nic winien; ani pieniędzy, ani przeprosin, ani miłości.

Kiedy przebaczasz, rezygnujesz z roli ofiary. Znów bierzesz własne życie w swoje ręce. Rzeczy dobre znowu mają w twoim ogrodzie przestrzeń do rozwoju. Przebaczenie to źródło siły. Dla złościoholika jest wręcz podstawowe. Nigdy nie przestaniesz żyć w złości, jeżeli nie nauczysz się przebaczać. Zaprzyjaźnij się ze swoją nienawiścią, jeśli masz na to ochotę; hoduj swoje chwasty, wzmacniaj je tonami nawozów; pozostań zgorzkniały i nikczemny duchem. Albo naucz się przebaczać, odpuszczać; daj sobie szansę na nowe życie.

Musisz wiedzieć kilka rzeczy o wybaczaniu.

- **Przebaczenie to twój wybór**. Nie musisz nikomu wybaczać. I nie musisz wybaczać, jeśli nie jesteś jeszcze na to gotowy. Nieważne, że ktoś cię przeprasza, że stara się naprawić swoje winy. Przebaczenie musi być wolnym wyborem. Przebaczasz nie dlatego, że tak trzeba, ani nie dlatego, że ktoś inny uważa to za konieczne.

  Być może nie jesteś jeszcze w stanie przebaczyć. Może ból jest zbyt świeży. Nie musisz się spieszyć, ale też nie czekaj w nieskończoność. Nie wynajduj usprawiedliwień dla ciągłego opóźniania tego momentu. Chwasty są coraz większe każdego dnia. Jeżeli nie jesteś pewien, czy jesteś już gotów przebaczyć, odpowiedz sobie na następujące pytania:
  - Czy czerpię przyjemność z uczucia urazy i nienawiści?
  - Czy trzymam w odwodzie wroga, osobę, na którą zawsze mogę zrzucić winę za swoje niepowodzenia?
  - Czy pielęgnowanie urazy dodaje mojemu życiu kolorów?

  - Czy uczepiłem się swoich pretensji, żeby mieć wytłumaczenie dla własnej przemocy, złości, nadużyć?
  - Czy to przyzwyczajenie nie pozwala mi się rozstać z uczuciem nienawiści?
  - Czy boję się stanąć twarzą w twarz z przyszłością wolną od nienawiści?
- **Przebaczenie jest dla ciebie, nie dla osoby, której przebaczasz**. Nienawiść jest jak ciężar na twoich barkach. Przygniata cię, niszczy twoje życie. A tymczasem jest możliwe, że osoba, której nienawidzisz, o niczym nie wie albo nic ją to nie obchodzi. Może nawet już nie żyje. Przebaczenie to dar dla samego siebie. Przebaczasz po to, żeby móc spokojnie żyć.
- **Przebaczenie wymaga czasu**. Wybaczenie komuś to zazwyczaj powolny proces. Nie uda ci się przebaczyć dzięki pstryknięciu palcami. Ale już dziś możesz zdecydować, że jest to coś, na czym ci zależy.
- **Przebaczenie to zgoda na to, aby przeszłość odeszła**. Przeszłość się nie zmieni, już minęła. Nienawiść jest sposobem na życie przeszłością. Przebaczenie jednak nie jest jednoznaczne z zapomnieniem. Musisz pamiętać wydarzenia z przeszłości, żeby móc zadbać o siebie w przyszłości.
- **Możliwe, że musisz przebaczyć sam sobie**. Czasami nie uda ci się przebaczyć innym, dopóki nie wybaczysz sam sobie – nienawiści, którą zatruwałeś swoje życie, straconych lat wypełnionych pretensjami, wszystkich głupich rzeczy, które zrobiłeś w złości.

Edward zdecydował się przebaczyć. Zrobił to dla siebie, nie dla Laury. Zabrało mu to sporo czasu, ale było warto. Edward pozwolił, aby przeszłość odeszła. Zrezygnował z rozpamiętywania krzywd, jakie wyrządziła mu Laura. Ale przyrzekł sobie, że będzie ostrożny. Nie chce, aby w jego kolejnym związku powtórzyły się te same problemy. Edward musiał wybaczyć również sam sobie. Pomogła mu w tym świadomość, że nie da się przejść przez bagno, nie brudząc sobie nóg. Tym bagnem była jego nienawiść, a odnalezienie drogi wyjścia z niego zabrało Edwardowi sporo czasu. Ale się udało. A jak będzie z tobą?

Wskazówki dotyczące przebaczania

Przebaczenie to twój wybór. Musisz go chcieć i nad nim pracować. Ono nie dzieje się samo z siebie. Oto kilka wskazówek, które mogą ci pomóc przebaczyć.

- Sporządź listę osób, którym chcesz przebaczyć. Czy ty też musisz się na niej znaleźć?
- Wypisz powody, dla których masz przebaczyć tym osobom. Jak wybaczenie pomoże ci w życiu? Jaki niekorzystny wpływ mają na ciebie twoje pełne nienawiści myśli? Co przydarzyło ci się z powodu twoich urazów?
- Zrób listę negatywnych myśli, które najczęściej przychodzą ci do głowy w związku z każdą z wypisanych wcześniej osób.
- Wynotuj, co już zrobiłeś lub nadal robisz w imię nienawiści (np. unikasz osób, do których żywisz urazę, plotkujesz o nich i je oczerniasz, wsypujesz cukier do baku w ich samochodzie, wykonujesz głuche telefony w środku nocy).
- Obiecaj sobie, że skończysz z myślami i działaniami pełnymi nienawiści. Być może nie uda ci się to w stosunku do wszystkich jednocześnie, ale zrób tyle, ile jesteś w sta-

nie. Zacznij od jednej lub dwóch osób z listy, tak abyś nie czuł się przytłoczony.

- Zrób jeszcze jedną listę – przy każdej z osób, do których masz jakieś pretensje, wypisz jedną lub dwie jej pozytywne cechy („Trzeba przyznać, że świetnie gotuje. Starała się nam pomagać, gdy nie była chora"). Przebaczenie to pozwolenie drugiej osobie na bycie znowu człowiekiem, a nie wykreowanym przez nas potworem. Pamiętaj, by unikać „tak, ale…". Nie dodawaj krytycznych uwag do tych kilku dobrych cech.
- Wielu z nas zaczyna wybaczenie od modlitwy za ludzi, których nienawidzi. Jeżeli nie chcesz się modlić za osoby ze swojej listy, spróbuj pomyśleć o jakiejkolwiek dobrej rzeczy, która mogłaby je spotkać.
- Jeżeli osoba lub osoby, których nienawidzisz, są wciąż obecne w twoim życiu, musisz przestać robić im przykrości. Jeśli nie potrafisz zachowywać się w stosunku do nich przyzwoicie, postaraj się być przynajmniej neutralny. Na przykład nie musisz od razu wychodzić z pomieszczenia, gdy wchodzi do niego osoba, której nienawidzisz. Możesz nadal w nim pozostać. Może uda ci się zaskoczyć wszystkich uprzejmym zachowaniem.
- Zapamiętaj te zdania: „Będę cierpliwy w stosunku do siebie", „Nie będę stawiał żadnych warunków" (to oznacza, że nie będziesz niczego oczekiwał ani wymagał od osób, którym przebaczasz – musisz przebaczyć bez stosowania jakichkolwiek gierek), „Przebaczenie jest dla mnie, nie dla nich".
- Poproś o pomoc. Przebaczenie samemu sobie może być trudne, dlatego możesz potrzebować wsparcia ze strony przyjaciół, psychologa czy osoby duchownej.

Podsumowanie

Nienawiść jest dla złościoholika najpiękniejszym marzeniem i najgorszym koszmarem. Daje ci ona powód do trwania w złości, jeżeli właśnie o to ci chodzi. Ale jest też pułapką, z której być może nigdy nie uda ci się uwolnić. Przebaczenie to sposób na porzucenie nienawiści. Wymaga ono czasu, cierpliwości i szczerej chęci zmiany. Być może musisz wybaczyć również samemu sobie. Celem tych wszystkich działań jest wyleczenie starych ran, żeby nie doskwierały ci w przyszłym życiu.

Rozdział 10

Ja też potrzebuję pomocy – rozdział dla partnerów osób uzależnionych od złości

Życie ze złościoholikiem nie jest łatwe. Może być niebezpieczne, a nawet zgubne. Nie spodziewaj się pochwał i wyrazów uznania. Przygotuj się raczej na awantury o byle drobiazg, ciągłą krytykę i absurdalne, niezrozumiałe napady złego humoru.

Tak się złożyło, że twój partner, małżonek czy przyjaciel jest osobą uzależnioną od złości. Być może nie zauważyłeś tego od razu. Może zorientowałeś się dopiero teraz. Nieźle się wpakowałeś. Nie będzie ci łatwo. Życie z osobą mającą problem ze złością jest jak nieustanne żucie cytryny z nadzieją, że w końcu okaże się słodka. Intensywniejsze żucie nie pomaga. Dodawanie cukru tylko na moment tłumi kwaśny smak. A udawanie, że cytryna jest słodką pomarańczą, też niewiele zmienia.

Może się zdarzyć, że trzeba będzie wypluć tę cytrynę. Zanim jednak się na to zdecydujesz, zobaczmy, czy możesz poprawić swoje obecne życie. Oto kilka moich sugestii.

1. Zadbaj o swoje bezpieczeństwo – w pierwszej kolejności fizyczne.

2. Zrozum, że masz prawo do traktowania z szacunkiem.
3. Nie przyjmuj odpowiedzialności za złość swojego partnera.
4. Uważaj na własną złość – nie pozwól, żeby tobą kierowała, ale nie wpadnij też w pułapkę unikania złości za wszelką cenę.
5. Nie izoluj się – poszukaj wsparcia innych ludzi.
6. Zastanów się, co złościoholik zyskuje swoim zachowaniem.
7. Zaobserwuj, jaki wpływ miała na ciebie złość twojego partnera.
8. Poważnie rozważ rozstanie, jeżeli twój partner nie chce lub nie może się zmienić.

Zadbaj o swoje bezpieczeństwo

Niektóre osoby mające problem ze złością są agresywne. W złości mogą kogoś spoliczkować, uderzyć, ugryźć, popchnąć, przytrzymywać siłą. Znęcają się nad każdym, kto jest od nich mniejszy lub słabszy. Są przerażające i niebezpieczne.

Ty (i twoje dzieci) masz prawo czuć się bezpiecznie. Nikt nie zasługuje na bycie krzywdzonym, niezależnie od tego, jak bardzo zdenerwowana jest druga strona. Podejrzewam, że już o tym wiesz, ale czy zgadzasz się z tym? Także w stosunku do siebie?

Osoba uzależniona od złości jest odpowiedzialna za swoje czyny. Ale jeżeli twój partner cię maltretuje lub bije wasze dzieci, to potrzebujesz planu przetrwania. Musisz wiedzieć, co robić, żeby ochronić siebie i swoją rodzinę.

Nie twierdzę, że jesteś w stanie sprawić, by twój partner nie był niemiły czy okrutny. Nie możesz tego zrobić, gdyż to zależy tylko od niego. Nie twierdzę też, że możesz powstrzymać go od bicia lub krzywdzenia ciebie. Nie możesz.

Jedyne, co możesz zrobić, to chronić siebie. Możesz opracować plan, który w pewnych okolicznościach zapewni ci bezpieczeństwo. Planując z wyprzedzeniem, możesz ocalić swoje życie.

Być może czujesz przygnębienie i rozpacz. To całkowicie normalne, jeśli żyjesz z kimś, kto stosuje przemoc, kto stara się ciebie kontrolować, zniszczyć twoją wiarę we własne siły. Nie poddawaj się. Jeżeli się poddasz, utkniesz na dobre i będziesz nieszczęśliwy.

Usiądź i opracuj plan. Odpowiedz sobie na pytania:

- Jak mogę zapewnić sobie bezpieczeństwo?
- Dokąd mam pójść?
- Co mam robić?

Czy w pobliżu twojego domu jest miejsce, w którym w razie czego możesz się schronić? Bezpieczny dom? Schronisko? Czy jest tam telefon? Czy znasz jego numer? Sprawdź to i zapamiętaj. Czy masz przyjaciół, rodzinę, sąsiadów, do których możesz pójść? Ludzi, na których możesz polegać?

Miej zawsze trochę odłożonych pieniędzy, na wypadek gdyby trzeba było szybko opuścić dom. Wychodź przy pierwszych sygnałach kłopotów, nie czekaj, aż będzie za późno. Jeśli na przykład twój partner poszedł na wódkę, a wiesz, że po alkoholu jest brutalny, nie czekaj. Poszukaj bezpiecznego schronienia już teraz!

A jeżeli ucieczka jest niemożliwa? Jeśli wściekły złoścoholik stoi naprzeciw ciebie gotowy do ataku? Postaraj się zachować spokój, mów pewnym głosem, nie wykonuj gwałtownych ruchów. O ile to możliwe, zachowaj bezpieczną odległość. Nie wdawaj się w zbędne tłumaczenia, jeżeli to mogłoby dostarczyć drugiej stronie argumentów. Mów bez emocji. Potraktuj całe zajście jak sztorm, który możesz przetrzymać, pozwalając jedynie, by wiatr dął tuż obok ciebie. Twoim zadaniem jest przetrwać – skoncentruj się wyłącznie na tym.

Pomocne mogą być wezwanie policji lub zdobycie sądowego zakazu kontaktów. To ostatnie rozwiązanie nie zawsze jest skuteczne, nigdy zaś, gdy ty złamiesz zakaz z powodu poczucia winy lub samotności.

Nic, co powiesz lub zrobisz, nie zagwarantuje ci bezpieczeństwa. Mieszkasz z osobą brutalną. Ale zrób, co w twojej mocy, nie poddawaj się. I czytaj dalej.

Zrozum, że masz prawo do traktowania z szacunkiem

Oglądałem kiedyś kreskówkę o dwóch żyrafach. Jedna z nich wyglądała normalnie, ale szyja drugiej była w kształcie schodów. Ta właśnie żyrafa zapytała swoją towarzyszkę: „Zastanawiam się, dlaczego ludzie bez przerwy po mnie chodzą?".

Pamiętam też inną historyjkę. Na jezdni leży człowiek, widać nadjeżdżające w jego kierunku samochody. Podpis pod obrazkiem mówi: „Z tak niskim poczuciem własnej wartości George zatrudnił się jako leżący policjant".

Musisz wierzyć w siebie. W to, że jesteś dobrym człowiekiem. Że jesteś wartościowy. A przede wszystkim, że zasługujesz na szacunek[5].

---

[5] Zob. odpowiednie rozdziały w: R. T. Potter-Efron, *Złość, alkoholizm i inne uzależnienia*, przeł. B. Linderberg, I. Szyszkowska, Warszawa: Instytut Psychologii Zdrowia i Trzeźwości 1994.

Traktowanie z szacunkiem oznacza brak wyzywania, wrzasków, przekleństw, osądzania. Żadnego bicia, policzkowania, popychania. Żadnego przytrzymywania siłą. Żadnych pogróżek.

To znaczy, że dana osoba słucha ciebie uważnie – bez przerywania, przy wyłączonym telewizorze – a twoje słowa traktuje poważnie.

To znaczy, że możesz wyrażać swoje uczucia i nie przepraszać za to.

To znaczy, że masz prawo do własnych myśli. Masz prawo się zgodzić, ale masz też prawo odmówić w sprawach dotyczących twojego życia.

To prawo do bycia człowiekiem i popełniania błędów bez płacenia za nie potem do końca życia. To znaczy, że nie musisz być ideałem, żeby zasłużyć na miłość.

Masz swoje życie. Twój partner jest jego częścią, a nie jedyną treścią. Masz prawo do własnych przyjaciół, zainteresowań, kariery. Nie istniejesz po to tylko, żeby troszczyć się o innych, w tym uzależnionego od złości, brutalnego partnera.

Przede wszystkim masz prawo być sobą. Masz prawo czuć się cennym i pełnowartościowym człowiekiem, poszukiwać własnych rozwiązań. Masz prawo do szacunku i wolności.

Nie oczekuj, że partner będzie ci o tym przypominał. Nikt nie oddaje władzy chętnie. Zacznij od traktowania siebie i innych z szacunkiem. Potem zażądaj tego samego od swojego partnera. Przygotuj się na silny opór. Usłyszysz, że jesteś samolubny. Będziesz czuł się winny, nawet jeżeli nie zrobisz nic złego, a jedynie dlatego, że nie jesteś cały czas miły dla kogoś, kto wcale nie jest miły dla ciebie. Nie poddawaj się. Pamiętaj, że jeżeli nie podejmiesz żadnych działań, być może już zawsze będziesz wiódł nieszczęśliwe, beznadziejne życie.

Nie bierz odpowiedzialności za złość swojego partnera

To nie ty jesteś przyczyną złości twojego partnera. Nie jesteś też lekarstwem na tę złość.

Nie jesteś przyczyną złości: życie niektórych ludzi jest przepełnione złością. Ten stan prawdopodobnie trwa już od dawna, o wiele dłużej niż wasza znajomość. Gdyby ta osoba nie była zła na ciebie, byłaby zła na kogoś innego. Problem złości jest problemem osoby, która się złości. I jedynie ona może się z nim uporać.

Oczywiście ludzie uzależnieni od złości zrzucają winę na innych. Wciąż powtarzają: „To przez ciebie jestem wściekły". Ale to nieprawda – oni sami doprowadzają się do szału. Próbują jedynie przerzucić na innych odpowiedzialność za swoje zachowanie. To jeden z ważniejszych powodów, dla których złościoholikom tak trudno jest się uwolnić od złości (pozostałe powody opisałem w rozdziale 3). Skoro inni ludzie są odpowiedzialni za ich złość, oni mogą się uważać za niewinne ofiary.

To bzdura – każdy musi wziąć odpowiedzialność za swoje czyny. Ja za swoje, ty za swoje, twój partner za swoje. To samo odnosi się do złości. Moja jest moja. Twoja jest twoja. Ja nie jestem przyczyną twojej złości. Ty nie jesteś przyczyną mojej.

Nie jesteś lekiem na złość: to znaczy, że nie jesteś w stanie zmienić swojego partnera. Ani będąc miłym, ani będąc przykrym, ani nawet będąc asertywnym.

Czy zauważyłeś, jaką rzadkością są czarodziejskie różdżki? Może więc przestań tracić czas na poszukiwanie różdżki, która zamieniłaby twoją żabę w księcia lub księżniczkę. Musisz skoncentrować swoją energię na sobie, a nie na partnerze. Musisz się dowiedzieć, kim jesteś. Poświęć trochę czasu sobie, zamiast nieustannie zajmować się problemami partnera. Odseparuj się od niego.

Być może od lat próbujesz zmienić swojego partnera, aby był milszy dla ciebie, aby się uspokoił, aby przestał się czepiać o każdy drobiazg. Myślałeś nad tym i myślałeś, perswadowałeś, manewrowałeś, manipulowałeś, błagałeś i argumentowałeś. Co udało ci się osiągnąć? Prawdopodobnie niewiele. To twój partner bowiem musi dostrzec swój problem i czuć potrzebę zmiany. Do tego momentu wszystkie twoje wysiłki są tylko stratą czasu.

Nie chodzi mi o to, byś zaprzestał walki o sprawy dla ciebie ważne. Nie oszukuj się jednak – twoje możliwości są bardzo ograniczone. Możesz sugerować, proponować, ale nie możesz uzdrowić swojego partnera.

Pamiętaj: nie jesteś przyczyną złości swojego partnera, nie jesteś też lekiem na nią.

Uważaj na własną złość

Pamiętasz bajkę o Złotowłosej i trzech misiach? Złotowłosa najbardziej lubiła krzesło średniej wielkości. Wolała też owsiankę, która nie była ani za gorąca, ani za zimna. Po prostu unikała skrajności.

Jeżeli żyjesz z osobą uzależnioną od złości, to unikanie skrajności – zwłaszcza jeśli chodzi o twoją złość – jest niezwykle ważne. Z jednej strony bardzo łatwo możesz się zagotować. Staniesz się wtedy kolejnym złościoholikiem. Będziesz coraz częściej tracić panowanie nad sobą. Wówczas, wpadając w złość, będziesz głośniejszy, wstrętniejszy, podlejszy niż kiedykolwiek wcześniej. Możesz również stać się brutalny. Niełatwo zapomnieć urazy, będziesz więc cały czas na krawędzi złości. Będziesz krzywdzić swoją złością coraz więcej osób, łącznie z tymi, które chciałeś bronić przed gniewem swojego partnera.

Taka sytuacja nie prowadzi do niczego dobrego. Szybko pogłębisz swoje uzależnienie od złości. Oczywiście możesz zrzucić winę na partnera, ale to przecież tylko wymówka, która nie pomoże ci uporać się z problemem. Musisz sobie obiecać – i dotrzymać danego słowa – że przestaniesz niszczyć swoje życie własną złością.

Z drugiej strony łatwo jest też wpaść w inną skrajność – stać się chłodnym. Wówczas będziesz unikać każdej, nawet najsłabszej złości. Możesz to robić ze strachu („Skoro jestem miły i nigdy się nie złoszczę, to on nie powinien też złościć się na mnie"), dla przykładu („Chcę, żeby dzieci zobaczyły, że można w ogóle się nie złościć") albo dlatego, że dorastałeś w takiej atmosferze („U nas w domu nikt nie podnosił głosu. Mama i tata nigdy się nie kłócili"), a może po prostu po to, by być górą („Nie mam zamiaru zachowywać się tak dziecinnie jak ty. Stać mnie na więcej").

Im bardziej twój partner będzie się złościł, tym bardziej ty będziesz się wypierać swojej złości. Wiem, że częściowo jest to kwestia twojego przetrwania. W wielu sytuacjach jedynym rozwiązaniem jest siedzenie cicho, ale płaci się za to wysoką cenę. Zaczniesz stale unikać złoszczenia się, będziesz wypierać złość nawet wtedy, gdy będzie uzasadniona. Pamiętaj, że złość sama w sobie jest uczuciem danym nam przez Boga. Informuje nas o tym, że coś jest nie tak. Zmusza do działania. Nigdy nie zrozumiesz wiadomości, jeżeli nie wysłuchasz posłańca.

Bądź jak Złotowłosa – trzymaj złość w swoim związku na umiarkowanym poziomie. Znajdź złoty środek, by złości było trochę, ale niezbyt dużo. Oto kilka wskazówek, które pomogą ci utrzymywać ją na normalnym poziomie:

- nie musisz wpadać w złość za każdym razem, kiedy twój partner się złości;
- nie musisz ustępować lub być miły za każdym razem, kiedy twój partner się złości;
- nie wyładowuj na innych złości, którą czujesz do swojego partnera. Wściekanie się na dzieci w takiej sytuacji nic nie pomoże;
- bądź asertywny, czyli mów innym wyraźnie, czego potrzebujesz, o co ci chodzi, bez atakowania ich lub obwiniania (jest wiele książek i warsztatów na temat asertywności, polecam książkę *Asertywność. Sięgaj po to, czego chcesz, nie raniąc innych*[6]).
- przede wszystkim weź odpowiedzialność za swoją złość i za własne życie. Jeśli masz problem ze złością (jest jej w twoim życiu za dużo lub za mało), postaraj się coś z tym zrobić.

Poszukaj wsparcia

Oto moje powiedzenie: „Nie można być jednocześnie problemem i rozwiązaniem". Problemem jest zachowanie twojego partnera. Nie oczekuj więc, że ten będzie dla ciebie wsparciem

[6] R. Alberti, M. Emmons, *Asertywność. Sięgaj po to, czego chcesz, nie raniąc innych*, przeł. M. A. Michalski, Sopot: Gdańskie Wydawnictwo Psychologiczne 2012.

w trudnych chwilach, że cię zrozumie, że natychmiast zmieni swoje zachowanie. Jeżeli twój partner jest jedyną osobą, do której możesz się zwrócić ze swoim problemem, to masz kłopot.

Złościoholik zdobywa władzę i kontrolę, odcinając cię od innych ludzi. Jeżeli jedynym głosem, który słyszysz, jest jego głos, niedługo będziesz myśleć tak jak on. Będziesz obwiniać siebie za to, że „doprowadzasz go do szału". Będziesz mieć mętlik w głowie, twoje myślenie będzie spaczone. A w pobliżu nie będzie nikogo, kto pomógłby ci myśleć inaczej.

Poszukaj pomocy. Jej źródłem mogą być przyjaciele, rodzina, terapeuta. Terapia i grupy samopomocowe są naprawdę przydatne. Zetkniesz się tam z różnymi osobami, które przechodzą przez to samo co ty i z którymi będziesz mógł podzielić się swoimi doświadczeniami. Nic tak nie pomaga jak czyjeś wyznanie: „Dokładnie tak samo mi odpowiedziała. Ale to wszystko było jednym wielkim kłamstwem. Nie możesz wierzyć we wszystko, co ci mówią". Gdyby powiedział to terapeuta, prawdopodobnie uprzejmie byś go wysłuchał i na tym koniec, ale te same słowa wypowiedziane przez osobę borykającą się z takimi samymi problemami mają o wiele większą wagę.

Jeżeli twój partner ma poważny problem ze złością, możesz zatracić poczucie normalności. Potrzebujesz kontaktów z ludźmi, którzy przypomną ci, co jest normalne.

Trudno jest zmienić swoje życie, zwłaszcza gdy dzielisz je z osobą mającą problem ze złością. Wymaga to po prostu bardzo ciężkiej pracy. Będą momenty, w których stracisz odwagę albo będziesz chciał się poddać. Możesz nawet mieć myśli samobójcze. Potrzebujesz wsparcia, żeby przetrwać te ciężkie chwile. Czasami partnerzy złościoholików szukają pomocy wtedy, gdy w ich związku wystąpi jakiś nagły, ostry kryzys. To jednak nie wystarczy, tak jak nie wystarcza podlewanie ogrodu tylko w okresie suszy. Rośliny potrzebują pielęgnacji również w normalne dni. Tak samo jest z nami. Potrzebujemy w życiu innych ludzi. Normalnych ludzi.

Może przerwiesz lekturę i zadzwonisz do kogoś właśnie teraz?

Jakie korzyści ze złoszczenia się odnosi twój partner?

Poprawa twojego stanu zależy od ciebie, a nie od twojego partnera. Niemniej dobrze jest wiedzieć jak najwięcej o osobie uzależnionej od złości. Ta wiedza pomoże ci bezpiecznie przetrwać. Może ułatwić ci zrezygnowanie z bezużytecznych gierek. Zbadaj więc uważnie sytuację, ale nie poprzestań na tym. Postaraj się zachować obiektywizm. Skoncentruj się na faktach i powtarzających się wzorcach.

Przeczytaj (lub przypomnij sobie) rozdziały 2 i 3, w których piszę o tym, dlaczego ludzie stają się i pozostają uzależnieni od złości.

Większość osób mających problem ze złością pragnie władzy i kontroli. Osoby te wpadają w złość, żeby dostać to, czego pragną. Im skuteczniejszy okazuje się ten sposób, tym więcej się złoszczą. Jeżeli twój partner złości się po to, by utrzymać władzę i kontrolę, musisz udowodnić mu, że nic tym nie wskóra, że ten wzorzec nie działa w twoim przypadku. Nie możesz ulec takiemu terrorowi. Twój partner musi się przekonać, że takimi metodami nie uda mu się zmusić cię do tego, czego chce.

Nie odpowiadaj złością na jego złość. W ten sposób bowiem potwierdzisz, że grasz według narzuconych ci reguł. Lepiej spokojnie, ale stanowczo powiedz „nie". Przygotuj się jednak na to, że zanim złościoholik się uspokoi, może chcieć przetestować twoją postawę i wybuchnąć jeszcze większą złością. Nie daj się wciągnąć w grę o władzę. Nie ustępuj z pola walki, dopóki nie ma fizycznego zagrożenia. Gdyby jednak takie zagrożenie się pojawiło, stawiaj swoje bezpieczeństwo na pierwszym miejscu.

Podam ci dwie wskazówki przydatne wtedy, gdy toczy się walka o władzę i kontrolę. Po pierwsze, próbuj ignorować złościoholika. Ta metoda świetnie działa, o ile wcześniej wyraźnie zastrzegłeś, że nie będziesz z nim rozmawiać, dopóki on nie przestanie krzyczeć i cię obwiniać. Porozmawiajcie, kiedy on już się uspokoi.

Po drugie, omawiaj tylko fakty. W takiej sytuacji bierzesz udział w rozmowie, ale nie reagujesz na jakiekolwiek osobiste ataki. Załóżmy, że twój partner jest wściekły, ponieważ kupiłeś sobie nowe buty. Rozmawiasz z nim, dopóki omawiacie kwestie finansowe. Ignorujesz jednak wszystkie zaczepki („Zawsze jesteś taki nieodpowiedzialny" itp.). Jeżeli ta metoda nie skutkuje, informujesz partnera, że będziesz rozmawiać z nim tak długo, jak długo on nie będzie cię atakować i obwiniać. Jeżeli on nie zareaguje, odmawiasz dalszej rozmowy.

Ludzie wpadają w złość także z wielu innych powodów: dla intensywności wrażeń, żeby trzymać innych na dystans, ukryć uczucia, dla ochrony niskiego poczucia własnej wartości; złość towarzyszy też uzależnieniu od alkoholu lub narkotyków.

Rozwiązania przez ciebie wybrane będą różne w zależności od tego, co złości twojego partnera. Zbierz możliwie dużo informacji o tym, jakie on czerpie korzyści ze złoszczenia się.

Osoba, która poszukuje intensywnych wrażeń, chce wciągnąć cię do gry w ekscytującą udrękę. Ty zaś nie chcesz stracić opanowania. Ponieważ ta gra w pojedynkę nie jest aż tak ciekawa, złościoholik prawdopodobnie po jakimś czasie zrezygnuje z niej.

Osoba, która swoją złością trzyma cię na dystans, obawia się emocjonalnej bliskości. Nie jesteś w stanie tego zmienić, ale możesz wpływać na sytuację, utrzymując bezpieczny dystans albo zmniejszając go bardzo powoli. Twój partner musi się zmierzyć z obawą przed bliskością, na przykład w trakcie terapii.

Być może złośnik ukrywa inne uczucia. Jeżeli tak, to pomocne może się okazać zadanie prostego pytania: „Co jeszcze czujesz w tej chwili?". Nie próbuj jednak stosować tej metody bez wcześniejszego uzgodnienia tego z partnerem. I nie łudź się, że jego napady złości zawsze są tylko przykrywką dla innych uczuć.

Wielu złościoholików źle myśli o sobie. Ich ataki na innych są częścią nienawiści do samych siebie. To nie może jednak usprawiedliwiać ich zachowania. Sami muszą coś zrobić, żeby polubić siebie.

A jeśli problem dotyczy niskiego poczucia własnej wartości? Twój partner może wpadać we wściekłość często – kiedy czuje się zawstydzony, niedowartościowany, nie na miejscu. Cóż, to smutne, ale lekarstwem na jego niskie poczucie własnej wartości jest niszczenie twojej samooceny. Oczywiście złoszcząca się osoba myśli: „Jeżeli spowoduję, że poczujesz się okropnie, ja poczuję się trochę lepiej". To tak, jakby jedno rozbite jajko stłukło drugie, żeby poczuć się całym. Ten sposób się nie sprawdza, w dodatku wywołuje chaos. Jeżeli taka sytuacja trwa od dłuższego czasu, być może obydwoje potrzebujecie pomocy. Musisz utrzymywać kontakty z ludźmi, którzy cię lubią i szanują. Uciekaj od krytyki, przynajmniej od czasu do czasu. To pozwoli ci zachować psychiczną równowagę.

Nie pij i nie zażywaj narkotyków ze swoim partnerem. Staraj się i jego do tego zniechęcić (ale nie praw kazań). Uważaj na wszelkie środki poprawiające nastrój. Łatwo po nie sięgać, żeby uniknąć bólu związanego z życiem z osobą uzależnioną od złości.

Obserwuj, myśl, eksperymentuj. Ale cały czas pamiętaj, że nie jesteś w stanie zmienić swojego partnera. Twoim zadaniem jest zmienić siebie. Wysiąść z pędzącej kolejki górskiej. Żyć własnym życiem.

Jak wpływa na ciebie złość twojego partnera?

Chodzi o ocenę, jaki byłeś kiedyś, a jaki jesteś teraz. Jaki byłeś, zanim związałeś się z osobą uzależnioną od złości? Jaki jesteś teraz?

Jak zmieniły się twoje **uczucia**? Czy teraz bardziej się boisz? Czy częściej się złościsz? Czy dusisz w sobie uczucia, którymi kiedyś dzieliłeś się z innymi? Czy czujesz się bardziej samotny? Szczęśliwszy? Mniej lub bardziej pełny życia? Przygnębiony? Skłonny do samobójstwa?

Jak zmieniły się twoje **myśli**? Czy zagubiłeś się w tym wszystkim? Jesteś niezdolny do jasnego rozumowania? Czy masz wrażenie, że zaraz zwariujesz? Czy spędzasz większość czasu, martwiąc się o partnera? Czy masz własne myśli, czy też myśli partnera całkowicie już je wyparły? Czy w ogóle potrafisz odróżnić jedne od drugich? A może postanowiłeś nigdy już o niczym nie myśleć?

Jak zmieniły się twoje **działania**? Co robisz, żeby powstrzymać złościoholika od złoszczenia się? Z czego zrezygnowałeś w imię swojego bezpieczeństwa lub spokoju? Czy jesteś w stanie robić to, na co masz ochotę, tam, gdzie masz ochotę, i wtedy, gdy masz ochotę, czy też wszystko zależy od partnera? Czy czujesz się wolny? Czy masz wrażenie, że jesteś w pułapce?

Jak zmieniło się twoje **postrzeganie siebie**? Co czujesz w związku ze swoją osobą? Czy jesteś dobrym człowiekiem? Oceń na skali od 0 (całkowity brak poczucia własnej wartości do 100 (bardzo wysokie poczucie własnej wartości) swoje obecne poczucie własnej wartości. A jakie ono było przedtem? Co się zmieniło?

Czy w jakiś sposób zmieniła się twoja **wiara lub życie duchowe**? Czy straciłeś wiarę? A może zmieniłeś wyznanie (jeśli tak, to czy naprawdę tego chciałeś)? Czy twój partner ma dziwne lub ekstremalne przekonania religijne i oczekuje, że je podzielisz? Czy czujesz jedność z wszechświatem, czy też czujesz się odcięty od wszystkiego poza swoim partnerem?

Jak wyglądają twoje długofalowe zyski i straty? Skorzystaj z tabeli 4, żeby ustalić, co zyskałeś, a co straciłeś w najważniejszych obszarach życia z powodu związku z osobą uzależnioną od złości.

Tabela 4. Długofalowe korzyści i straty wynikające z życia z osobą mającą problem ze złością

Obszar życia	Zyski	Straty
Nadzieja		
Miłość		
Zdrowie		
Pieniądze		
Praca		
Rodzina		
Przyjaciele		
Bezpieczeństwo		
Godność osobista		
Spokój ducha		
Zdrowie psychiczne		
Osobowość		

Źródło: opracowanie własne.

Odpowiedz na następujące pytania:

- Czy ogólnie jest ci lepiej czy gorzej?
- Co musiałbyś zrobić, żeby polepszyć swoje życie w wymienionych aspektach?

- Co udałoby ci się osiągnąć z pomocą partnera?
- Co musisz zrobić wbrew swojemu partnerowi?

Jeśli partner nie może lub nie chce się zmienić

Niełatwo wybrać między pozostaniem w niesatysfakcjonującym związku a nieznanym życiem w pojedynkę. Decyzja o odejściu to ostateczność.

Po pierwsze, pracuj nad sobą. To obejmuje uważne przyglądanie się własnym słowom i czynom. Rób wszystko, co jest konieczne, aby być częścią rozwiązania, nie zaś problemu. Obserwuj swoją złość. Czy bierzesz aktywny udział w oczyszczaniu waszego związku ze złości?

Po drugie, nalegaj na zmiany. Masz prawo powiedzieć partnerowi, że nie zamierzasz dalej żyć w ten sposób. Tobie jest trudno, dzieci na tym tracą. Nie chcesz, żeby twoje życie było przepełnione niepokojem, strachem i zmartwieniami.

> Uwaga: nie mów partnerowi, że masz zamiar odejść, chyba że naprawdę jesteś na to w pełni gotowy. Lepiej powiedz, że nie będziesz żyć w ten sposób w nieskończoność lub że wcześniej czy później odejdziesz, jeżeli partner nie zrobi nic, aby zmienić sytuację. Wyrażaj się możliwie najjaśniej.

Jurku, to są zmiany, które uważam za konieczne. Musisz przestać nazywać mnie głupią i wstrętną. Skończyć ze straszeniem, że mnie uderzysz albo że odbierzesz mi dzieci. Chciałabym też, żebyś słuchał, kiedy do ciebie mówię, a to oznacza, że będziemy czasem wspólnie spędzać czas bez telewizora.

Sandro, musisz skończyć z tymi wrzaskami i bezpodstawnymi oskarżeniami o zdradę. Nalegam też, żebyś w związku ze swoją depresją skontaktowała się z lekarzem lub terapeutą. Podejrzewam, że to może być przyczyna twoich napadów złości.

Nie zgadzaj się na wymijające obietnice ze strony partnera. Jeśli ten obieca, że pójdzie do poradni, będzie to dobry początek, ale to tylko słowa. Zobaczymy, co rzeczywiście z tego wyniknie.

W przypadku Jurka przeprosiny za obraźliwe zachowanie to dobry początek, ale takie przeprosiny słyszałeś już nieraz. Lepiej, żeby tym razem partner zdobył się na rzeczywisty wysiłek i zaczął traktować cię z szacunkiem.

Wielu złościoholików potrafi się zmienić i się zmienia. Dla nich właśnie przeznaczona jest niniejsza książka. Niektórzy nie chcą lub nie mogą się zmienić. Jeżeli to dotyczy twojego partnera, być może będziesz zmuszony odejść, aby żyć godnie. Daj mu szansę, daj mu tuzin szans. Ale w końcu musisz spojrzeć prawdzie w oczy. Jeśli twój mający problem ze złością partner ani trochę się nie zmienia, nie zmieni się również wasz związek. Jego złość będzie zatruwać twoją duszę. Staniesz się nieszczęśliwym człowiekiem i będziesz wieść nieszczęśliwe życie.

Twój partner musi wziąć odpowiedzialność za swoją złość. Jeżeli jednak tego nie zrobi, to nie z twojej winy.

Każdy ma prawo do dobrego życia. Nawet ty. Mam nadzieję, ze względu na ciebie i twojego partnera, że zostaniecie ze sobą. Zrób jednak to, co jest konieczne. Ty także ponosisz odpowiedzialność za wasz los.

Podsumowanie

Życie z osobą uzależnioną od złości bywa koszmarem. W tym rozdziale przedstawiłem kilka wskazówek, które pomogą ci uczciwie ocenić sytuację. Jeżeli zdecydujesz się pozostać w dotychczasowym związku, czeka cię trudna walka o prawo do godnego traktowania. Najważniejsze jest bezpieczeństwo twoje i twoich dzieci, następnie traktowanie z szacunkiem. Jeśli jednak wszystko zawiedzie, być może będziesz zmuszony odejść.

Spróbuj jednocześnie być realistą i zachować nadzieję. Jeżeli to ci się nie uda, realizm jest ważniejszy. Od niego bowiem zależy twoje zdrowie fizyczne i psychiczne.

Rozdział 11

Co dalej?

Jeżeli nadal czytasz tę książkę, to być może podjąłeś już jakieś kroki w celu kontrolowania swojej złości. Może przyrzekłeś sobie, że pozostaniesz spokojny przez dwadzieścia cztery godziny. Albo podjąłeś jakieś działania, żeby zejść kilka stopni z drabiny złości i przemocy. Ale na pewno dużo myślałeś o tym, jakie jest źródło twojego gniewu i dokąd cię on zaprowadzi. No właśnie, co będzie dalej?

Z tego rozdziału nauczysz się prosić o to, czego chcesz, bez grożenia i zastraszania. Pokażę ci, jak walczyć fair, jak radzić sobie z konfliktami i różnicą zdań bez odwoływania się do starych, pełnych złości metod. Zakończę go krótkim podsumowaniem i radą.

Jak prosić o to, czego chcesz

Mój przyjaciel Charlie Rumberg prowadzi zajęcia dla osób znęcających się nad innymi. Powiedział mi kiedyś o pewnej prawidłowości, którą zaobserwował u swoich klientów (zmieniłem kilka szczegółów, ale podstawowe założenia są jego autorstwa):

- najpierw **proszą** oni o to, czego chcą, ale jeżeli tego nie dostają...
- ...starają się **przekonać** o słuszności swojej prośby, a jeżeli to nie skutkuje...
- ...działają **podstępnie**, manipulują i oszukują, a jeżeli i to się nie powiedzie...
- ...**zastraszają**, grożą, że wyrządzą krzywdę („zrób to, albo..."), a jeżeli nadal nie osiągają zamierzonego efektu...
- ...**atakują**.

Oto przykład: Zyta ma ochotę wyjść gdzieś wieczorem ze swoim chłopakiem Adamem. Proponuje mu to, ale Adam ma inne plany. Następnego dnia ma egzamin, do którego musi się przygotować.

Zyta próbuje więc przekonać go do swojego pomysłu i ucieka się do perswazji: „Och, daj spokój, przecież wiesz, że będziesz się fantastycznie bawił. Pouczyć się możesz jutro". Adam jednak odmawia – jest zdecydowany się uczyć.

W porządku, czas na użycie podstępu. Zyta wybiera metodę wzbudzenia lekkiego poczucia winy. „Adamie, jesteś mi to winien. Pamiętasz, jak wyszłam z tobą w zeszłym tygodniu, mimo że też miałam egzamin następnego dnia? Co ty na to?". Potem kilka łez, trochę jęków, słodkie prośby. Kto przejmowałby się potrzebami Adama? Ona chce gdzieś wyjść, i to zaraz.

Ta strategia też nie przynosi żadnych efektów. Może groźby podziałają lepiej. „Adamie, powiedziałam, że chcę dzisiaj gdzieś wyjść, więc wyjdę. Jeżeli nie z tobą, to z kimś innym". Adam ponownie tłumaczy Zycie, że dzisiaj naprawdę nie może jej nigdzie zabrać. Czeka go najpoważniejszy egzamin w tym semestrze. Jeżeli chce dalej studiować, nie może tego zawalić.

Zyta, zawiedziona, tłucze Adama pięściami, wybucha płaczem z wściekłości i wybiega z pokoju. Gdyby była trochę silniejsza, pewnie spróbowałaby go wyciągnąć siłą.

Co za strata, ile trudu na marne. Nie tak wygląda skuteczny sposób proszenia o to, na czym nam zależy. Oto lepsze rozwiązanie.

- **Nie rób z siebie pośmiewiska**. To jest najważniejsze. Proszenie o to, na czym ci zależy, oznacza właśnie proszenie i nic ponadto. Żadnego jęczenia, błagania, żądania, straszenia, wpędzania w poczucie winy, powtarzania, kłamania, wygadywania bzdur.
- **Nie myl potrzeb z pragnieniami**. Potrzeba to coś, bez czego nie przetrwasz: jedzenie, woda, powietrze. Pragnienie wzbogaca życie: nowy samochód, lepsza praca, seks. Może ci się to nie spodobać, ale do przetrwania nie potrzebujesz spełnienia pragnień.

  Dziewięćdziesiąt dziewięć procent tego, o co prosimy, to pragnienia. Nie zachowuj się więc tak, jakbyś miał umrzeć, jeżeli któreś z nich nie zostanie zaspokojone. Nie wpadaj we wściekłość tylko dlatego, że partner przygotował spaghetti zamiast steku. Okaż wdzięczność za spaghetti. Ciesz się tym, że masz partnera. Może i masz ochotę na stek, ale nie jest ci on bezwzględnie potrzebny.
- **Mów innym, czego od nich chcesz**. Rób to w bezpośredni, konkretny, uprzejmy sposób. Dokładnie jak w dziesiątej zasadzie z rozdziału 7. Tam chodziło o to, jak informować innych o tym, co cię trapi. W tym przypadku informujesz ich o tym, czego dokładnie chcesz. Bądź **bezpośredni**, czyli nie sugeruj, licząc na to, że druga

strona się domyśli, a potem nie wpadaj w szał, że tak się nie stało („Robercie, dziś wieczorem chciałbym pójść do kina"). Bądź **konkretny**, gdyż wszystkie niedopowiedzenia mogą w przyszłości być przyczyną konfliktu. Niech druga strona ma możliwość dowiedzieć się dokładnie, czego chcesz („Nie chodzi mi o jakikolwiek film, chciałbym obejrzeć *Listę Schindlera*"). Bądź **uprzejmy**, gdyż stosowanie gróźb czy wpędzanie kogoś w poczucie winy nie ma sensu. Pamiętaj, że chodzi o pragnienia, a nie o potrzeby.

- **Podaj prawdziwy powód, dla którego chcesz tego, czego chcesz**. Wiem, że to kiepski trik. Ale czasem prawda skutkuje. Co więcej, pomaga zmniejszyć liczbę walk i kłótni bardziej niż kłamstwa i półprawdy („Prawdę mówiąc, mam dość marnych filmów. Słyszałem, że *Lista Schindlera* zmusza do refleksji").
- **Bądź gotów do negocjacji i kompromisów**. Niemożliwe jest, byś zawsze dostawał wszystko, czego zapragniesz. Niektóre sprawy trzeba czasem przedyskutować. To nie oznacza, że zawsze musisz się poddawać. W dobrym związku zwykle wychodzi pół na pół („W porządku, nie masz dziś wieczorem ochoty na *Listę Schindlera*. Pójdziemy do kina jutro. A co będziemy robić dziś?").

To wszystko nie jest takie trudne, ale musisz ćwiczyć umiejętność proszenia o to, czego chcesz. Zacznij od zaraz i się nie poddawaj. Oczywiście nie zawsze uda ci się dostać to, czego chcesz. Ale ta metoda jest naprawdę wystarczająco skuteczna i unikniesz dzięki niej bezsensownych, nikomu niepotrzebnych sprzeczek.

Walka fair

Został nam jeszcze do omówienia jeden problem. Pamiętaj, że nie ma dwóch osób, które zgadzałyby się we wszystkim. Oznacza to, że czasem nie da się uniknąć konfliktu. Ale jak radzić sobie z nieporozumieniami, nie wracając do starych, nacechowanych złością wzorców działania?

W tabeli 5 znajdziesz listę zasad walki fair. Przestrzegaj ich, a nie wplączesz się w niepotrzebne kłopoty.

Tabela 5. Zasady walki fair – zachowania wskazane i niewskazane

Zachowania wskazane	Zachowania niewskazane
▪ Mów innym, co czujesz. ▪ Zajmuj się jedną sprawą naraz. ▪ Usiądź i spokojnie porozmawiaj. ▪ Słuchaj uważnie. ▪ Koncentruj się na jednym, określonym zachowaniu, na którym ci zależy. ▪ Utrzymuj kontakt wzrokowy (ale się nie gap). ▪ Bądź elastyczny, skłonny do zmiany zdania. ▪ Oddychaj spokojnie, zrelaksuj się. ▪ Bądź gotów do negocjacji i kompromisów. ▪ Bierz odpowiedzialność za wszystko, co mówisz i robisz. ▪ Skup się na rozwiązaniu problemu, a nie na zwycięstwach lub porażkach. ▪ Jeżeli to konieczne, rób sobie przerwy na ochłonięcie.	▪ Nie naśmiewaj się z innych. ▪ Nie bij, nie popychaj, nie szarp, nie przytrzymuj na siłę, nie zastraszaj w celu osiągnięcia czegoś. ▪ Nie wrzeszcz. ▪ Nie rób min. ▪ Nie atakuj osobowości innych. ▪ Nie ubliżaj. ▪ Nie zajmuj się ciągle przeszłością. ▪ Nie odbiegaj od tematu. ▪ Nie używaj zwrotów „nawet o tym nie myśl", „nic mnie to nie obchodzi", „no i co z tego" ani innych lekceważących uczucia drugiej strony. ▪ Nie upieraj się, żeby mieć ostatnie słowo. ▪ Nie przerywaj. ▪ Nie używaj słów „zawsze" i „nigdy" ani innych uogólnień.

Źródło: opracowanie własne.

Przyjrzyj się obu kolumnom tabeli 5. Zaznacz w prawej kolumnie te zasady, które są dla ciebie najtrudniejsze, a w prawej te, które uważasz za najcenniejsze. A potem ćwicz, ćwicz, ćwicz.

Jeżeli stracisz nad sobą panowanie, wróć do tej listy. Z pewnością się okaże, że złamałeś kilka zakazów lub zapomniałeś o kilku wskazaniach.

Jeśli zaś popełnisz jakiś błąd związany ze złością, musisz zrobić cztery rzeczy. Po pierwsze, przyznaj się do tego przed sobą. Po drugie, przyznaj się do tego przed innymi. Po trzecie, przeproś i zrób wszystko, co w twojej mocy, aby naprawić skutki swojego niekontrolowanego zachowania. Po czwarte, zobowiąż się do zmiany zachowania, aby nie powtórzyć tego samego błędu.

Podsumowanie

W tej książce opisałem wiele zagadnień związanych ze złością. Jak dotąd, udało ci się:

- rozpoznać, czy jesteś osobą uzależnioną od złości;
- przyjrzeć temu, jak twoja złość wpływa na ciebie i innych ludzi;
- wskazać przyczyny tego, że złość wymyka ci się spod kontroli;
- rozpatrzeć główne powody ulegania złości;
- złożyć sobie szczerą obietnicę zmiany;
- wejść po drabinie złości i przemocy oraz zejść z niej;
- poznać jedenaście zasad umożliwiających kontrolowanie złości;
- przestudiować kwestię paranoi i urazów.

Mam nadzieję, że przejrzałeś również rozdział przeznaczony dla partnerów osób uzależnionych od złości. Jeśli tak, to wiesz, że i oni mają wiele do przemyślenia.

Co dalej? Sugeruję, byś przeczytał tę książkę raz jeszcze, powoli i uważnie. Skoncentruj się na wskazówkach praktycznych oraz na ustaleniu, jakie działania musisz podjąć, żeby rozpocząć nowe życie. Załóż, że będziesz ciężko pracować, popełniać błędy i na nich się uczyć.

Ale niech to nie będą tylko próby. Musisz przekroczyć etap próbowania i przejść do działania. Pamiętaj, że masz szansę na normalne życie. Nie przegap jej!

Przypomnę raz jeszcze jedenaście zasad kontrolowania złości.

1. Daj sobie czas, żeby ochłonąć i uniknąć stosowania przemocy.
2. Rozchmurz czoło i się odpręż.
3. Nie próbuj kontrolować innych.
4. Zaakceptuj odmienność.
5. Proś zamiast żądać.
6. Nagradzaj zamiast straszyć i karać.
7. Mów spokojnie, nie przeklinaj.
8. Bierz odpowiedzialność za wszystko, co mówisz i robisz.
9. Traktuj innych z szacunkiem.
10. Mów innym, co cię trapi. Bądź bezpośredni, konkretny, uprzejmy.
11. Stosuj wypowiedzi typu „ja".

Możesz wieść normalne życie – wolne od wściekłości, brutalności, pretensji i bezużytecznej złości. Wybór należy do ciebie.